YouTube

박교수의 7분법(seven-law)

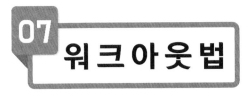

07 워크아웃법

(기업구조조정촉진법)

박 승 두

신세림출판사

머 리 말

2001년 8월 14일, 기업구조조정촉진법이 제정된 역사적인 날이다.

벌써 22년의 세월이 흘렀다. 이 법의 제정 과정에 참여하였던 필자로서는 그 당시 박종근 국회의원님과 임종룡 재경부 증권제도과장님과의 소중한 인연을 회상하게 된다.

이 법의 제정 후 미국의 스탠더드 앤드 푸어스(S&P)는 우리나라의 신용등급을 BBB에서 BBB+로 한 단계 상향 조정하여 IMF 금융위기를 극복하는데 크게 기여하였다.

이제 코로나19사태, 러시아의 우크라이나 침공, 극심한 인플레이션, 금리인상, 경기침체 등 경제위기의 공포가 몰려오는 시점에, 이 법의 중요성이 다시 부상하고 있다. 그동안 이 법은 수차 한시법으로 제정되어 왔는데, 현행법은 금년 10월 16일 일몰될 운명이다.

이러한 중차대한 시점에 이 법의 현황을 분석하고 미래를 조망해보았다. 아무쪼록 이 책이 이 법이 새롭게 태어나고 워크아웃을 한 단계 발전시키는 기초가 되고, 나아가 국가경제의 안정과 발전에 조금이라도 기여할 수 있기를 바란다.

2023년 5월 1일

온양온천의 연구실에서...

박 승 두 씀

목 차

제1장 워크아웃법의 기본이해

제1절 채무자회생법

1. 회생절차의 개념

회생절차는 재무적 어려움에 처한 채무자에 대하여 채무조정 등을 통하여 회생을 지원하는 제도라 할 수 있다. 그 범위는 채무자가 기업이냐 개인이냐에 따라 다르고, 채권자가 금융기관이냐 개인이냐에 따라 다르다. 그리고 이러한 제도를 법률에 규정하고 있느냐의 여부에 따라 구분할 수 있다.

일반적으로 채무자회생법[1]상 회생절차를 **법적 절차(法的 節次)**

---

1) 이 법의 명칭은 「채무자 회생 및 파산에 법률」이며, 2005년 3월 31일 공포(법률 제7428호)하여 2006년 4월 1일 시행하였다(다음부터 이 법 조문의 인용시에는 법률의 명칭은 생략하고 조문만 표기한다). 필자는 재정경제부 파견 근무(2001.4.13.~2001.12.31)와 국회 법제사법위원회 및 재경위원회 자문 등을 통하여 이 법안의 제정에 참여하여, ① 관리인제도의 개선 ② 자동중지제도의 도입 ③ 채권자 참여의 확대 ④ 청산가치의 보장 ⑤ 조세채권 감면제도의 신설 등의 의견을 제시하였는데, ①과 ②는 반영되지 아니하였고 나머지는 대체로 반영되었다; 박승두, 『도산법 개정방안』(2001) 및 박승두, 『한국도산법의 선진화방안』(2003); 국회법제사법위원회·한국채무자회생법제도연구회, 『통

라 부르는 반면, 법률에 명시적으로 규정한 내용이 없으며 당사
자의 자유로운 의사로 결정하는 절차를 **사적 절차**(私的 節次), **사
적 화의**(私的 和議), **사적 조정**(私的 調停) 등으로 부른다.

　따라서 광의의 회생제도는 ① 채무자회생법상 회생절차뿐만
아니라, ② 기업구조조정촉진법[2]상 절차, 그리고 ③ 사적 절차
인 워크아웃절차(Workout)를 모두 포함한다.

　그리고 채무자회생법에서 규정한 회생절차는 일반적으로 ①
기업회생절차[3]와 ② **개인회생절차**[4]로 구분한다.

　그리고 ①은 다시 **일반회생절차**[5]와 **간이회생절차**[6]로 나눈다.

합도산법(안)의 주요쟁점에 관한 심포지엄』 (2003) 등 참조.

2) 다음부터 '기촉법'이라 하며, 이 법 조문의 인용시에는 법률의 명
칭은 생략하고 조문만 표기한다.

3) 채무자회생법 제2편에서 규정하고 있는 회생절차를 제4편의 개
인회생절차와 구별하기 위하여 편의상 기업회생절차라 부르며, 이를
'일반회생절차' 혹은 '법인회생절차'라 부르기도 한다.

4) 이는 개인채무자로서 파산의 원인인 사실이 있거나 그러한 사실
이 생길 염려가 있는 자로서 ① 유치권·질권·저당권·양도담보권·가
등기담보권·전세권 또는 우선특권으로 담보된 개인회생채권은 **15억**
원, ② 그 외의 개인회생채권은 **10억원** 이하의 채무를 부담하는 급
여소득자 또는 영업소득자(제579조)에 대한 회생절차를 말하며, 회
생법 제4편에 규정하고 있다. 따라서 이는 개인인 채무자 전체가 아
니라 그 중에서 채권액이 위의 금액 이하인 자로 한정되며, 이를 초
과하는 경우 기업의 회생절차에 관한 규정을 동일하게 적용한다(제2
편). 그리고 신용회복지원절차 등 개인워크아웃제도가 있다.

5) 이는 기업회생절차 중에서 간이회생절차를 제외한 회생절차를
말한다. 그러나 개인회생절차를 제외한 회생절차를 일반회생절차라
부르는 견해도 있다.

6) 이는 소규모 영업자의 회생절차를 더욱 간편하게 진행하기 위하

이를 정리하면, 다음 〈표 1〉과 같다.

〈표 1〉 회생절차의 종류

구 분	기업회생절차			개인회생절차	
	일반회생절차	간이회생절차	워크아웃	개인회생절차	워크아웃
적용대상	채무: 제한 없음7)	채무: 50억원 이하 (담보 및 무담보)	기촉법: 50억원 이상8) 그 외: 제한없음	담보채무: 15억원 이하 AND 무담보채무: 10억원 이하	신용회복지원절차: 담보채무 10억 이하 AND 무담보채무 5억원 이하 그 외: 채무 제한 없음9)
근거규정	채무자회생법 제2편 제1장~제8장	채무자회생법 제2편 제9장	기촉법 및 채권은행협약	채무자회생법 제4편	신용회복지원협약 등

여 2014년 12월 30일 채무자회생법 개정시 제2편에 제9장을 신설하여 2015년 7월 1일부터 시행하였다. 처음에는 적용대상을 채무액 '30억원 이하'로 하였으나, 2020년 6월 2일 시행령 개정시 '50억원 이하'로 상향조정하여 동일자로 시행하였다(영 제15조의3).

7) 간이회생절차 요건인 채무 '50억원 이하'도 가능하다.

8) 기촉법 적용대상을 규정하지는 아니하였으나, 신용위험평가를 하지 아니할 수 있는 기업으로 "채권은행의 거래기업에 대한 신용공여액이 50억원 미만인 경우"를 규정하고 있으므로(영 제4조 제2항 제3호), 실질적으로 기촉법 적용대상 기업은 채권은행의 신용공여액 '50억 이상'이다.

9) 개인회생절차 및 신용회복지원절차 요건에 해당하는 채무자도 가능하다.

2. 채무자회생법의 이념

가. 회생절차와 파산절차의 효율적 처리

채무자회생법은 ① 재정적 어려움으로 인하여 파탄에 직면해 있는 채무자에 대하여 ② 채권자·주주·지분권자 등 이해관계인의 법률관계를 조정하여 ③ 채무자 또는 그 사업의 효율적인 회생을 도모하거나, ④ 회생이 어려운 채무자의 재산을 공정하게 환가·배당하는 것을 목적으로 한다(제1조).

따라서 이 법은 **회생절차와 파산절차를 함께 규정**하고 있다.[10] 전자(前者)는 채무자의 회생을 목적으로 하면서 채권·채무관계를 채권자 상호간의 공정·형평성을 보장하는 방향으로 처리하는 제도이다. 그리고 후자(後者)는 채무자의 자산을 모두 처분하여 채권·채무관계를 청산하는 제도이다.

따라서 이법은 회생이 가능한 채무자에 대한 신속하고 효율적인 **회생**을 지원함(제1조)과 동시에, 회생이 어려운 채무자

---

10) 이 법은 회생절차와 함께 파산절차를 규정하고 있으므로 '통합도산법'이라고도 한다. 그러나 ① '도산'이라는 용어가 '파산'과의 혼동을 초래하고 '퇴출'만을 의미하는 부정적 이미지를 담고 있고, ② 이러한 측면에서 법률의 명칭도 기존의 부정적 이미지에서 탈피하기 위하여 '파산'보다 '회생'을 앞에 넣은 것이라 보며, ③ '도산'이라는 용어는 일본법 및 학설의 영향이라는 점을 고려할 때, '채무자회생법'이라 부르는 것이 바람직하다고 본다.

에 대하여는 신속하게 **퇴출**시키는 역할을 한다.

나. 채무자에 대한 채권·채무관계를 집단적 처리

회생절차와 파산절차는 서로 그 성격이 상이함에도 불구하고, 채무자에 대한 채권·채무관계의 해소를 채무자와 채권자가 개별적으로 처리하지 않고, 법원의 주관하에 집단적으로 처리한다는 공통점을 가지고 있다.

이러한 이유로 채무자회생법은 특정 채무자에 대한 채권·채무관계를 각 채권자별로 개별적으로 처리하지 않고 모든 채권자를 하나로 묶어서 **집단적으로 처리**한다.[11]

다. 공정·형평성의 보장

채무자회생법은 채무자를 둘러싼 모든 이해관계인에게 **공정·형평성**[12] 보장을 지향한다.

---

11) 이는 특정 채무자에 대하여 채권을 가진 모든 채권자가 각자 '1:1'의 개별적인 관계에서 해결하는 것이 아니라, 이 자에 대하여 채권을 가진 모든 채권자가 '1:다수'의 관계에서 채무를 처리한다는 의미이다; 박승두, 『도산법총론』(2002), 4면.

12) 이 원칙은 19세기 철도회사의 재건을 위하여 형평법상 수익관리인(equity receivership)제도를 시행하는 중에 구(舊)경영자 등 회사 내부자(insider)가 기업의 경영이나 매수에 계속 영향을 미치는 폐단이 발생하여 이를 차단하기 위하여 「사해양도금지법」(fraudulent transfer law)을 적용하면서 시작되었다. 그 배경은 기업의 기존 주주와 담보권자(담보부사채권자)가 연합하여 무담보채권자 등에게 아무런 분배를 하지 않는 재건계획을 결정하고 시행하였기 때문이

3. 채무자회생법의 개념

가. 채무자의 효율적 회생과 퇴출을 위한 법

채무자회생법은 회생이 가능한 채무자가 신속하고 효율적으로 **회생**할 수 있도록 지원하기 위한 법이다. 특히, 소규모기업[13]에 대한 간이한 절차($\frac{제293조의2}{-제293조의8}$)[14]와 개인에 대한 절차를 마련하고 있다.

그리고 회생이 어려운 채무자에 대하여는 ① 개시신청에 대한 기각 ② 회생절차의 폐지 ③ 회생계획 불인가 등을 통하여 신속하게 **퇴출**시킨다.

다. 이에 대하여 무담보채권자 등은 주주와 담보권자의 행위는 사해양도금지법에 의한 사해양도라는 소송을 법원에 제기하였다. 이에 대하여 미국의 연방최고법원이 주주보다 채권자의 권리가 우선한다고 판단함으로써 이 원칙이 도입되었다.

13) 적용대상은 담보 및 무담보 채무의 총액 '50억원 이하'를 부담하는 영업소득자이다.

14) 주요 내용은 박승두, "간이회생절차의 주요 내용과 신청방법"(2016) 참조.

나. 광의의 민사집행법

일반적으로 민사집행은 채무자에 대한 각 채권자들의 개별적 집행절차이지만, 광의로 볼 때 채무자회생법은 채권·채무관계를 **집단적으로 처리하는 민사집행법**이라 볼 수 있다. 이를 정리하면 아래 〈표 2〉와 같다.

〈표 2〉 민사집행의 3단계론

구 분	제1단계	제2단계	제3단계
내용	개별적 집행	집단적 집행(회생)	집단적 집행(파산)
근거 법률	민사집행법	채무자회생법	채무자회생법
장점	권리의 순위나 행사 순서에 따라 집행함	모든 채권자에게 공정형 평하게 변제함	모든 채권자에게 권리의 순위에 따라 일시에 배당함
단점	동일한 절차의 수차 반복으로 번잡하고 비용이 많이 발생함	만약 채무자가 회생하지 못하는 경우 채권자에게 피해가 발생함	회생가능한 채무자의 회생기회를 박탈할 수 있음

다. 공정·형평성 보장법

채무자회생법은 채무자가 재산을 임의적으로 처분하거나 채권자가 개별적으로 강제집행절차를 취하지 못하도록 하고, 모든 이해관계인에게 회생계획에 의하여 **공정·형평성**을 보장한다.15) 그 방법으로 **법원의 관리와 감독체계**를 택하고 있다.

제2절 워크아웃법

1. 워크아웃의 개념

워크아웃(workout)[16]은 기업이 스스로 사업을 조정하고 채권자와의 협의를 통하여 채무를 조정[17]하는 **경쟁력 및 생산성 향상**을 위한 포괄적 개념이다.

따라서 이는 부실화된 기업이 법적 절차(insolvency proceedings)를 신청하기 보다 채권자들과 협의하여 채무의 구성이나 상환일정을 조정(rescheduling)하는 방식으로 회생을 도모하는 것

---

15) 이는 동종(同種)의 권리자들 사이에는 회생계획의 조건을 평등하게 하여야 한다는 것을 의미하며, 여기서의 평등은 형식적 의미의 평등이 아니라 공정·형평의 관념에 반하지 아니하는 실질적인 평등을 가리키는 것이다; 대법원 2016. 5. 25. 자 2014마1427 결정.

16) '워크아웃'의 어원은 사람의 건강을 측정하고 체력을 향상시키는 훈련에서 시작되었는데, 이를 기업에 적용하여 '경영상 어려움을 극복하기 위하여 사업과 재무구조를 개선'하는 활동을 뜻한다.

17) 기촉법상 '채무조정'이란 금융채권자가 보유한 금융채권에 대하여 상환기일 연장, 원리금 감면, 채권의 출자전환 및 그 밖에 이에 준하는 방법으로 채무의 내용을 변경하는 것을 말한다(제2조 제9호).

을 말하며, 흔히 **사적 화의**(private restructuring agreement, debt composition)라고도 한다.

이에 대하여 위키백과 사전은, 재무개선작업(財務改善作業, debt restructuring) 또는 워크아웃(workout)은 기업가치 회생작업을 가리키는 말로 회생시킬 가치가 있는 기업을 살려내는 금융권(채권자) 주도의 **기업회생작업**을 말하며, 부실징후가 있는 채무기업에 대해 채권자들과 채무자가 채무의 변제방법 및 향후 기업 정상화를 상호 협의하여 기업갱생을 도모하는 회생절차를 말한다. 80년대 후반 이 제도를 기업경영에 처음 도입한 미국 제너럴 일렉트릭(General Electric Company, GE)사는 실제로 워크아웃에 성공해 세계 최우량기업이 되었다. 이후 워크아웃이라는 용어가 기업, 금융, 공동부문의 구조조정에 널리 사용되고 있다.18)

그리고 영문판은 기업개선(Corporate workout)을 1997년 아시아의 금융위기 시기에 많이 활용되었으며, 법적 절차를 통하지 않고 **기업의 재무구조를 개선**하는 제도이며, 주로 채무자는 파산을 예방하고 채권자는 채무구조를 조정하기 위하여 이에 참여한다고 설명한다.19)

---

18) https://ko.wikipedia.org/wiki/재무개선작업.

19) Corporate workout refers to financial rescue of a firm that is outside formal bankruptcy and insolvency law. Also known as out-of-court debt restructuring, corporate workout practices aim to remedy or avoid foreclosure and bankruptcy. The debtors, creditors as well as the main shareholder and bondholders voluntarily participate in the workouts in order to make rearrangements concerning financial

그리고 **미국**에서는 80년대 후반 기업 구조조정 과정에서 법적 절차 대신 워크아웃을 많이 이용되었다. **영국**에서도 90년대 초 경제불황으로 대규모 기업부도 사태가 발생하였을 때 영국은행(Bank of England; BOE)이 비공식적인 중재 역할을 수행함으로써 자금난에 처한 기업들이 채권은행과의 개별 협상을 통해 구조조정을 추진토록 하였다.[20]

우리나라에서도 IMF 외환위기 이후 1998년 7월 금융감독위원회의 주도하에 이 방식을 도입하여 채권은행들이 거래기업에 대한 워크아웃 작업을 진행하였다.

워크아웃은 채권금융기관들이 당해 기업을 파산시키는 것보다 사적인 계약을 통하여 부실요인을 제거하고 기업을 회생시키는 것이 낫다고 판단될 때 채권자들의 합의에 의하여 개시된다. 일자리를 보존하고 생산설비를 계속 가동할 수 있는 만큼 사회경제적 비용을 줄일 수 있기 때문이다.

우리나라에서도 종전 부도유예협약의 폐단이 속출하자 시간이 많이 소요되는 법적 절차를 밟기보다는 채권금융기관들의 합의에 따라 기업의 재건을 도모하는 워크아웃을 한시적으로 시행하였다.

워크아웃의 주된 목적은 **기업의 경쟁력을 강화**시켜 생산

---

investments and rescheduling and restructuring debt. As a way of response to corporate crisis, corporate workout arrangements were widely seen in the aftermath of the Asian financial crisis in 1997. https://en.wikipedia.org/wiki/Corporate_workout.

20) 이를 '**런던식 접근법**'(London Approach)이라 한다.

성 향상과 채무상환 능력을 개선하는 것이다. 그 구체적인
방법은 다양하지만, 주요 내용은 **사업구조의 조정**과 **채무구
조의 조정**이라 할 수 있다.

전자(前者)는 ① 주력사업 선정 ② 비생산적인 사업의 폐지
③ 사업구조의 고도화 ④ 생산성 향상 등이다.

그리고 **후자**(後者)는 ① 대출채권의 출자전환 ② 단기 대출
의 중장기전환 ③ 대출 원리금의 상환유예 ④ 이자 감면 ⑤
채무 면제 ⑥ 신규자금 지원 ⑦ 상호 빚보증 해소 ⑧ 감자
⑨ 외자유치 등이다.

이상에서 본 바와 같이, 워크아웃은 기업을 전제로 형성되
고 발전해 왔는데, 이제는 그 범위를 확대하여 개인 채무자
에 대한 신용회복절차 등도 워크아웃이라 부른다.[21]

2. 워크아웃법의 이념

가. 기업의 효율적 회생 지원

워크아웃법은 기업과 가장 밀접한 관계에 있는 금융채권
자가 거래 기업의 신속하고 효율적인 **회생**을 지원하는 데 목
적이 있다.

---

21) 이에 관하여는 뒤(P.18~19)에서 상세히 설명하고자 하며, 이 책
은 '기업 워크아웃'만을 대상으로 하였다.

나. 사적 자치의 보장

워크아웃법은 채권자와 기업이 법률의 적용이나 제3자의 개입없이 민법상 **계약자유의 원칙**에 의하여 자유롭고 임의적으로 기업의 회생을 도모한다.

다. 당사자의 자율성 보장

워크아웃법은 채권자와 기업이 **자율적으로** 방법을 모색하고 진행함을 원칙으로 한다.

3. 워크아웃법의 개념

가. 기업의 회생을 지원하기 위한 법

워크아웃법은 회생이 가능한 기업을 채권자가 신속하고 효율적으로 **회생시키기** 위한 법이다. 따라서 이는 크게 보면 기업회생법의 성격을 가진다.

나. 법적 절차와 사적 절차의 혼합법

워크아웃법은 법적 절차(法的 節次)와 사적 절차(私的 節次) 양자의 성격을 모두 가지고 있어서, 그 **중간법** 또는 **혼합법**이라 할 수 있다.

그 이유는 워크아웃은 원래 채권자와 채무자가 제3자나 법률의 적용없이 민법상 계약자유의 원칙에 의하여 자유롭고 임의적으로 채무를 조정하는 방법이지만, 우리나라에서는 기촉법에서 기본적인 규칙을 정해두고 그 이외의 사항은 자율적으로 정할 수 있도록 하기 때문이다.

다. 당사자의 특성을 존중하는 법

워크아웃법은 채권자와 채무자의 특성 즉, 채권자가 금융 채권자이냐의 여부, 채무자가 개인 또는 기업이냐에 따라 그 특성을 반영하여 **다양한 형태**로 운용하고 있다.

〈표 3〉 채권자와 채무자의 특성에 따른 분류

채권자	채무자	기업	개인
금융채권자	기촉법 절차	○	×
	기촉법 외의 기업워크아웃	○	×
	기촉법 외의 개인워크아웃	×	○
	사적 화의	○	○
금융채권자 외의 채권자	사적 화의	○	○

4. 워크아웃법의 범위

가. 최협의의 개념

이는 **기촉법상의 절차**에 한정하여 해석한다. 판례는 기촉법상의 '채권금융기관협의회(현행법에서는 '금융채권자협의회')에 의한 공동관리절차'를 기업구조개선작업 및 워크아웃이라 한다.[22]

나. 협의의 개념

이는 채무자가 기업이며, 채권자가 주로 금융채권자에 한정하여 **기업개선작업(企業改善作業)**으로 이해한다. 이는 다시 기업이 개인인 경우와 법인인 경우로, 채권자가 은행인 경우와 비은행인 경우로 나눌 수 있다. 그리고 이는 **기촉법 절차와 기촉법의 적용을 받지 않는 워크아웃**을 포함한다.

이는 "기업은 주력분야에 그 역량을 집중하는 등 기업의 사업구조를 조정하고, 금융기관으로 구성된 채권단은 대상기업의 비정상적인 부채구조를 개선함으로써 궁극적으로 기업의 경쟁력을 제고함과 동시에 차입금의 상환능력을 증가시키려는 기업과 채권금융기관 공동의 작업"이라 정의한다.[23]

---

22) 대법원 2018. 10. 4. 선고 2018두44753 판결.

다. 광의의 개념

채권자의 성격에는 구애되지 않지만, **채무자는 기업에 한정**한다. 그 내용은 채권자와 채무자(기업) 당사자가 자유롭게 행하는 모든 채무조정을 다 포함하는 개념이다.

라. 최광의의 개념

채권자와 채무자 모두 그 성격에 구애됨이 없이 당사자간에 자유롭게 행하는 모든 채무조정을 다 포함하는 개념이다. 따라서 여기에는 개인 워크아웃과 개인 사적화의가 포함된다.

〈표 4〉 워크아웃의 범위

종 류		최협의 개념	협의 개념	광의 개념	최광의 개념
기 업	기촉법 절차(A)	(A)			
	기촉법 외의 기업 워크아웃(B)		(A+B)		
	기업 사적 화의(C)			(A+B+C)	(A+B+C +D+E)
개 인	개인 워크아웃(D)				
	개인 사적 화의(E)				

---

23) 김정호, 『워크아웃의 이론과 실무』(1999), 5면.

5. 기촉법 이외의 워크아웃

가. 산업합리화제도

우리나라에서 워크아웃을 도입하여 시행한 것은 IMF 외환위기 이후이지만, 은행이 거래기업의 구조조정을 지원하여 온 것은 오래되었다.

먼저, **1970년대 오일 쇼크이후** 세계적인 경기침체기를 맞이하여 1980년대 중반부터 국제경쟁력이 현저히 저하된 주요 업종에 대하여 정부가 산업합리화 대상기업을 지정하고 제3자 인수, 합병, 법정관리, 계열기업 정리, 청산 등으로 부실기업을 정리하는 이른 바, '산업합리화제도'를 시행하였다.

특히 중화학 투자조정 결과 경영정상화와 경쟁력 확보가 어려운 건설중장비, 중전기기, 신발, 직물, 자동차산업 등을 산업합리화 대상으로 지정하고 해당 업체에 이자감면, 대출금 삭감, 상환기간 연장, 세제상의 혜택을 부여하였다.[24)]

그러나 부실기업에 대한 특혜는 금융기관의 부실화를 가중시키고 우리나라가 세계무역기구(WTO)에 가입한 후에는 정부

---

24) 산업합리화의 정책수단은 당시 공업발전법(현 산업발전법)에 의하여 해당 업종 전체를 산업합리화 업종으로 지정하거나, 조세감면규제법(현 조세특례제한법)에 의하여 개별기업을 산업합리화 업체로 지정하는 것이었다.

보조금으로 오인받을 우려가 있어 사실상 사라지게 되었다.

나. 부도유예협약

부도유예협약은 1997년 4월 부실징후기업의 정상화를 촉진하고 부실채권의 효율적 정리를 위해 채권금융기관들이 조기에 공동 대처한다는 취지하에 도입하였다. **일시적인 자금난으로 도산 위기에 처한 대기업의 정상화**를 도모하기 위하여 채권금융기관들이 일종의 신사협정[25]을 맺고 대상 기업의 부도처리를 유예하는 방식이다.

이 협약은 **기업개선작업(워크아웃)으로 발전한 기초**가 되었으며, 부실징후기업의 정상화 촉진 및 부실채권의 효율적 정리를 위한 채권금융기관간의 자율적인 협약이다.

먼저, 부실징후가 발생한 기업을 대상으로 주거래은행 또는 최다여신은행의 채권금융기관협의회의 소집을 통지함으로써 절차가 개시되며, 회사는 경영권을 유지하게 된다. 그리고 이 협약은 채권금융기관간의 계약으로서 협약기간중 채무자의 부도, 도산절차 개시신청 등 별도의 사유가 발생하여 목적 달성이 불가능하게 된 경우에는 당연히 실효하였다.

이는 제2금융권의 집중적인 어음교환 공세로 부도위기에 직면하였던 대기업에게 일정 기간(일단 2개월 부도처리 유예) 채무상

---

25) 원래의 명칭은 「부실징후 기업의 정상화 촉진과 부실채권의 효율적 정리를 위한 금융기관 협약」으로 처음에는 '부도방지협약'이라 하였으나 그 취지와 기능에 맞게 '부도유예협약'으로 하였다.

환을 유예시켜 회생의 기회를 갖게 하는 **장점**이 있었다.

그러나 이 제도를 진행하던 진로, 기아자동차 등이 화의나 회사정리를 신청함에 따라 그 한계를 드러냈다. 그리고 부도 유예협약의 시행과 함께 채권금융기관들이 대상 기업에 협조 융자를 실시하였는데, 이것은 대상 기업의 부실을 확대하고 해당 금융기관까지 부실화하는 **역효과**도 있었다.

다. 금융기관협약

IMF 구제금융 후 기업의 구조조정이 시급한 상황에서 금융기관들이 1998년 6월 25일 금융기관협약[26]을 제정하여 1999년 12월 31일까지 한시적으로 운용하였는데, 이는 부도 유예협약을 한 단계 격상시킨 것으로 **기업개선작업(workout)의 시작**이다.

채권금융기관 협의회에서 채권액 기준으로 3/4 이상의 채권을 보유한 금융기관들이 찬성하였을 때 워크아웃 플랜을 시행하였다.

라. 은행관리제도

은행관리란 채권은행이 채무자인 기업의 경영에 참여하여 **자금집행 등을 관리**하면서 은행의 채권 및 담보를 보호하는 방식이다. 주거래은행이 대상 기업체와 은행관리 계약을 체

---

26) 정식 명칭은 「기업구조조정 촉진을 위한 금융기관협약」이다.

결하고 직원을 파견하여 직접 기업경영에 참여하는 것으로 회사정리와는 달리 채권·채무에 대한 동결조치는 이루어지지 않고 이자를 유예해주거나 추가로 자금지원을 하게 된다.

이를 일반적으로 '은행관리' 라 하였으며, 구회사정리절차에서 주거래은행이 관리인으로 임명되어 정리회사를 경영하는 것은 '은행 법정관리' 라고 하였다.

마. 대주단협약

(1) 대주단협의회 운영협약

이는 **일시적으로 유동성이 부족한 정상적인 건설기업**에게 유동성을 지원함으로써 건설기업의 재무구조 및 경영환경을 개선하여 원활한 영업활동이 이루어질 수 있도록 함과 동시에 채권금융기관의 자산건전성을 제고하기 위하여(제1조) 2008년 4월 1일 제정후 2017년 12월 19일 13차로 개정하였다.[27)

(2) PF대주단협의회 운영협약

이는 **단위 PF사업장별** 채권금융기관간 당해 PF사업의 사업성 분석 및 사업구조개선방안 등에 대한 협의를 위하여 PF대주단협의회를 설치 · 운영하고 당해 PF사업에 대한 채권금융기관간 공동관리절차를 규정함으로써 당해 PF사업의 신속하고

---

27) 은행연합회 홈페이지/ https://www.kfb.or.kr/publicdata/data_enact. php/공시·자료실/KFB 제정기준/대주단협의회 운영협약.

원활한 사업정상화를 도모하고 채권금융기관이 보유한 자산의 건전성을 제고하기 위하여(제1조) 2009년 8월 5일 제정하여 2023년 4월 27일 2차로 개정하였다.[28]

바. 채권은행협의회 운영협약(채권은행협약)

이는 2001년 6월 29일 제정하여 2018년 10월 15일 14차로 개정하였는데, **워크아웃제도를 정립**하였다.

이는 기촉법 대상과 기촉법 적용 제외 대상을 모두 포함하며, 채권은행이 기업신용위험 상시평가를 통하여 부실징후 기업 해당 여부를 평가하고, 기업구조조정방안 등에 대한 협의를 위하여 채권은행협의회를 설치·운영하고 거래기업에 대한 채권은행 공동관리절차를 규정함으로써, 거래기업의 경영정상화를 도모하고 채권은행이 보유한 자산의 건전성을 제고함을 목적으로 한다(제1조).

---

28) 개정취지는 부동산 PF 사업은 다양한 이해관계자가 참여하고, 권리관계도 매우 복잡하여, 사업에 차질이 발생하더라도 자율 협의에 의한 사업장 정상화가 쉽지 않은 측면이 있었다. 특히, 개별 채권금융기관만의 이해관계만 고려되어 사업장 정상화를 위한 의사결정 자체가 지연되거나, 잘못된 결정이 이루어져 사업 자체가 중단되는 사례도 발생할 수 있었다. 따라서 최근 변화된 PF 사업환경을 반영하여 **대부분의 금융업권을 포함**하였으며, 사안별로 **의결요건을 완화**하여 보다 효과적인 사업정상화가 이루어지도록 하였다. 특히, 채권금융기관의 채무재조정이나 신규자금 지원이 있는 경우에는 시행사나 **시공사의 손실부담을 전제**토록 함으로써 사업성 개선을 통한 정상화 가능성도 높아질 수 있다./은행연합회 홈페이지/https://www.kfb.or.kr/main/main. php/알림/소식/보도자료.2023/04/27.

제3절 기업구조조정촉진법

1. 기촉법의 제정

가. 기촉법의 제정 배경

기촉법은 **부실징후기업**[29]의 기업개선이 신속하고 원활하게 추진될 수 있도록 필요한 사항을 규정함으로써 상시적 기업구조조정을 촉진하고 금융시장의 안정과 국민경제의 발전에 이바지하는 것을 목적으로 한다(제1조).

이 법을 제정하게 된 배경은 ① 워크아웃을 중심으로 한 **자율적 구조조정시스템의 한계성**[30]과 ② 법원을 중심으로 진

---

[29] 제1차법상 '부실징후기업'이라 함은 거래기업 신용위험평가를 통하여 주채권은행 또는 채권금융기관협의회가 외부로부터의 자금지원 또는 별도의 차입(정상적인 금융거래에서 발생하는 차입을 제외한다)이 없이는 금융기관으로부터의 차입금의 상환이 어렵다고 인정한 기업을 말한다(제2조 제5호).

[30] 기업구조조정은 원칙적으로 이해관계자인 민간의 자율적인 합

행되는 당시 화의절차와 회사정리절차 등 **법적 절차의 한계
성**[31]으로 기업의 회생과 구조조정이 제대로 추진되지 못하였
다는 점이다.

이러한 문제를 근본적으로 해결하기 위해서는 금융기관의
자율적 구조조정시스템이 정착되고 법적 절차를 개혁하여야
하지만, IMF 이후 국가에서 투입한 공적 자금의 회수가 요구
되고 국가적으로 구조조정의 신속한 추진이 절실히 요망되는
시점이라 이에 **신속하고 효율적으로 대처하기 위하여** 한시법
의 성격을 가진 특별법을 우선 제정하였다.

나. 기촉법의 제정 경위

기촉법은 기업의 구조조정을 더욱 효율적으로 추진하고자
기존의 도산3법과는 별도로 제정하였다. 이 법의 제정 경위
를 간략히 살펴보면, **IMF 외환위기 이후 공적자금 회수를 위**

의에 의해 추진되어야 하고, 특히 상시적 구조조정시스템하에서는
가장 큰 이해관계자인 채권금융기관이 중심이 되어 시장원리에 의
한 구조조정이 이루어져야 한다. 그러나, 우리나라에서는 아직 합리
적으로 이해관계를 조정해 나가는 시장관행이 부족하여 기관간(특
히, 채권금융기관) 자율적인 합의의 도출 및 이행상의 어려움을
겪어 왔다. 이는 구조조정과정에 참여하여 손실을 함께 분담하기보
다는 **무임승차(Free-Riding)**를 통하여 자신의 이익을 추구하는 기관
이기주의가 존재하고, 기업의 부실위험을 조기에 인지하고 정상화의
가능성이 없는 기업을 신속히 정리하는 사전·사후 관리 시스템이
미흡하기 때문이다.

31) 절차의 지연과 과도한 비용의 소요가 문제점으로 지적되었다.

한 대책차원에서 결성된 국회 공부모임(대표: 당시 한나라당 소속 홍사덕 국회부의장)에서 2000년 7월 25일 **필자가** "우리나라 도산절차의 문제점과 개선방안" 에 대하여 주제발표를 하였는데, 이에 대하여 당시 한나랑 소속의 **박종근 의원**(지역구: 대구 달서구 갑)은 필자에게 발표내용을 토대로 법안의 작성을 요청하였으며, 필자가 작성한 초안을 참고로 하여 **재경부 증권제도과**(임종룡 과장, 김기한 사무관)에서 법안을 작성하였다.32)

이 법안을 토대로 국회 재경위는 2001년 4월에 기업구조조정 촉진을 위한 법률 제정에 합의하였으며, 5월 19일 여·야정 경제토론회에서 6월 국회에서 기촉법을 제정하기로 합의하였다. 이에 근거하여 재경부가 작성한 법안은 6월 21일 재경위에 회부하였고, 재경위는 8차에 걸친 회의 끝에 6월 26일 전체회의에서 강운태·박종근 의원 등의 공동발의안을 확정하였다.

이후 7월 16일 법사위 간담회에서 법원, 변협, 전경련 등 각계의 의견을 조율하였고, 7월 18일 소위원회에서 일부 미진한 사항에 관한 토론을 거쳐 동일자로 법사위 전체회의와 국회 본회의에서 신속하게 가결하였고, 이를 8월 14일 **대통령은 공포**하였다(법률 제6504호).33)

---

32) 필자는 재정경제부 파견 근무시(2001.4.13.~2001.12.31.) 이 법안의 심의와 채무자회생법안의 심의에 참여하였으며, 이 법의 제정경위 및 주요 내용에 관하여는 박승두, 『도산법총론』(2002), 17~483면.

33) 이로써 긴박하게 추진하여온 법안이 법률로 탄생하였고, 이 법의 시행을 위한 시행령은 9월 15일 공포하였다(대통령령 제17359호).

〈표 5〉 기존 제도와의 비교

구 분	기존 제도 (기업구조조정 협약 등)	기촉법 (제1차법)
적용대상	· 은행, 보험, 투신, 종금 등 협약 가입 금융기관(약 130여 개)	· 은행, 보험, 투신, 종금, 증권, 여신전문 등 전 금융기관, 예보·자산관리공사
협의회 구성	· 채권금융기관이 가입여부를 선택	· 채권금융기관은 채권단협의회의 구성원으로 참여 의무화(Free-Riding의 방지)
반대채권자	· 협의회 탈퇴 또는 의결사항 불이행 가능	· 협의회에 채권 매수청구권 행사 가능
불이행시	· 위약금부과 (채권단협의회의 의결)	· 위약금제도 이외에 법률상 손해배상 책임 규정
이견조정	· 없음	· 민간전문가로 구성된 조정위원회가 조정기능 수행
신규자금	· 우선변제권 없음	· 우선변제권 부여
회생계획안 사전제출제도	· 규정없음	· 구조조정대상기업에 대한 회사정리절차 진행시 기존의 경영정상화계획을 개선하여 정리계획안으로 제출
사후관리	· 각 금융기관이 자체규정으로 관리	· 경영상황 분기별로 점검 · 법적 절차 진행 기업: 연 1회이상 평가
사후 조치	· 규정 없음	· 법적 절차를 즉시 추진토록 의무화

참조: 재정경제부·금융감독원, 『기촉법 및 상시기업신용위험평가제도 주요내용』 (2001), 44면.

다. 기촉법 제정의 효과

기촉법 제정을 계기로 미국의 신용평가사 스탠더드 앤드

푸어스는 2001년 11월 13일자로 **우리나라의 신용등급을 한 단계 상향 조정**하였고(〈표 6〉), 이어서 한국산업은행 등 금융기관의 신용등급도 상향조정함으로써, 우리나라가 **IMF 관리체제에서 조기에 벗어나는데 큰 역할**을 하였다. 이어서 2002년에는 국제적인 3대 평가사 모두 우리나라의 신용등급을 A등급으로 격상시켰다(〈표 7〉).

〈표 6〉 우리나라 신용등급 상향조정 관련기사
(매일경제, 2001.11.13자)

세계 3대 신용평가회사의 하나인 미국의 스텐더드 앤드 푸어스(S&P)가 13일 우리나라의 국가신용등급(장기 외화채권 신용등급)을 BBB에서 BBB+로 한단계 상향 조정했다.

S&P가 우리나라의 신용등급을 올린 것은 지난 99년 11월 BBB-(투자적격)에서 BBB로 상향 조정한 뒤 2년여만으로, 세계 경기의 침체 속에서 우리나라의 대외신인도를 크게 높일 것으로 기대된다. S&P는 한국의 단기 외화채권 신용등급도 A-3에서 A-2로 한단계 올리고 신용등급 전망도 '안정적'(Stable)으로 평가했다.

S&P는 신용등급 상향 조정의 이유로 ▲기업구조조정 촉진법의 시행 등 지속적인 구조조정과 가시적인 성과 ▲1천억달러가 넘은 외환보유고 등 대외 부문의 강화 ▲건전한 재정 등을 꼽았다. S&P는 또 김대중(金大中) 대통령의 여당 총재직 사임과 관련, 경제운영에 전념하겠다는 대통령의 의지를 고려할 때 현 정부가 지난 97년 대통령 선거 직전과 같은 정책 실패를 되풀이 하지 않을 것으로 평가했다. S&P는 그러나 기업, 금융 구조조정의 완결, 잠재적 통일 비용 등을 한국 경제의 과제로 지적했다.

신동규(辛東奎) 재경부 국제금융국장은 "세계적인 경기후

퇴로 주요 투자기관들이 우리나라의 신용등급도 하향 조정
될 것으로 예측했으나 지속적인 구조조정과 건실한 거시경
제정책이 높게 평가받아 신용등급이 상향 조정됐다"며 "앞으
로 대외신인도 제고, 기업 차입비용 절감, 외국인 직접투자
증가 등이 예상된다"고 밝혔다. 재경부는 또 내년초 예정된
미국 무디스의 우리나라에 대한 신용등급 평가에도 긍정적
인 영향을 미칠 것으로 기대했다. 무디스는 우리나라 신용등
급을 지난 99년 12월 Baa3(투자적격)에서 Baa2로 한단계 올
린 뒤 그 상태를 유지하고 있다.

kms1234@yna.co.kr(서울=연합뉴스) 유의주·김성문 기자

〈표 7〉 국가 신용등급 상향 현황

연 도	스탠더드 앤드 푸어스(S&P)	무디스(Moodys)	피치(Fitch)
1995	AA-	A2	
1997	BBB-	Ba1	B-
1998	BB+	-	BB+
1999	BBB	Baa2	BBB
2001	BBB+	-	BBB+
2002	A-	A3	A

2. 기촉법의 이념과 개념

가. 기촉법의 이념

첫째, **채권금융기관 주도**로 기업구조조정을 신속하고 효율적으로 추진하고자 하였다. 구체적으로는, 기업회계의 투명성을 높이기 위한 제도보완과 부실위험을 조기에 인식할 수 있는 시스템을 법제화하고, 상시적 구조조정시스템의 정착을 위한 채권금융기관간 시장규칙을 명확하게 정립하고자 하였다.

〈표 8〉 기촉법의 운용 방향

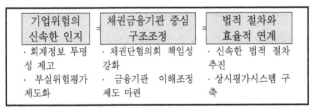

기업위험의 신속한 인지	채권금융기관 중심 구조조정	법적 절차와 효율적 연계
· 회계정보 투명성 제고 · 부실위험평가 제도화	· 채권단협의회 책임성 강화 · 금융기관 이해조정 제도 마련	· 신속한 법적 절차 추진 · 상시평가시스템 구축

둘째, 기업구조조정의 중심주체로서 **채권단협의회의 구성**과 역할을 정하며, 특히 채권금융기관간의 이해조정제도를 마련하였다. 그리고 신속한 구조조정을 위하여 채권금융기관의 책임성을 강화하고 상시평가시스템을 구축하여 회생가능성이 없는 한계기업은 즉시 퇴출시키도록 하였다. 아울러 기

업이 구조조정과정에서 겪고 있는 법률상 제약요인을 해소해
주기 위한 지원사항도 규정하였다.

셋째, 채권금융기관에 대한 시장규칙을 정하는 데 중점을
두면서도, 법원이 중심이 되는 구회사정리법 등 **법적 절차와
의 조화**를 도모하였다.

나. 기촉법의 개념

(1) 광의의 기업회생법

기촉법은 회생이 가능한 기업의 신속하고 효율적인 회생
을 지원하는 기업회생법으로, 채무자회생법에서 규정한 **회생
절차와 별도로 워크아웃절차를 규정**한 법이다.

(2) 기업구조조정의 기본법

기촉법은 채무자회생법에는 우선하지 않지만, 기업구조조
정 등에 관하여 다른 법률에 우선하는 기본법이다(제3조).

(3) 워크아웃 운용의 기본틀

앞(P.18)에서 본 바와 같이, 기업개선작업(企業改善作業)은 **기
촉법상 절차**와 **기촉법 외의 절차**로 나누어지는데, 기촉법
외의 절차는 채권은행협약에 규정하고 있지만 기촉법을 기
본으로 한다. 따라서 기촉법은 워크아웃 운용의 기본틀이라
할 수 있다.

3. 기촉법의 재입법 연혁

기촉법의 제정 후 재입법 과정을 정리하면 다음과 같다.

〈표 9〉 기촉법의 재입법 연혁

구 분	제정일자 (시행기간)	주요 내용
제1차법	'01.8.14. ('01.9.15. ~'05.12.31)	① 기업회계의 투명성 제고 ② 기업부실의 조기 발견 ③ 채권금융기관 중심의 구조조정 추진 ④ 채권금융기관의 사후관리 강화 ⑤ 법적 절차의 효율적인 연계 ⑥ 원활한 구조조정의 지원
제2차법	'07.8.3. ('07.11.4. ~'10.12.31)	① 부실징후기업의 관리(제7조) ② 채권행사의 유예(제9조) ③ 경영정상화계획의 이행을 위한 약정(제10조 및 제11조) ④ 채권재조정 등(제12조) ⑤ 채권금융기관협의회의 의결방법(제22조) ⑥ 반대채권자의 채권매수청구권(제24조) ⑦ 출자 및 재산운용제한 등에 대한 특례(제29조)
제3차법	'11.5.19. ('11.5.19. ~'13.12.31)	① 기업이 관리절차 개시 신청시 채권금융기관협의회의 소집(제4조) ② 채권금융기관 공동관리절차 개시(제5조) ③ 채권행사의 유예기간 ④ 경영정상화계획 이행약정 체결(제8조 및 제9조) ⑤ 채권재조정(제10조) ⑥ 채권금융기관협의회의 의결요건(제18조) ⑦ 반대채권자의 매수청구권(제20조) ⑧ 출자한도제한 및 투자한도제한 적용 완화(제25조)
제4차법	'14.1.1. ('14.1.1. ~'15.12.31)	협의회의 위법의결에 대한 의결취소의 소 제기(제18조의2 신설)
제5차법	'16.3.18. ('16.3.18. ~'18.6.30)	① 적용대상 채무기업 및 채권자의 범위 확대(제2조 제1호·제2호·제6조, 제9조 제1항·제5항 및 제11조 제1항) ② 기업구조조정의 단계별 소요기한 명시(제4조, 제6조, 제9조 및 제14조) ③ 이의제기 및 기업개선계획안 작성 절차(제6조 및 제13조 제1항) ④ 부실징후기업에 대한 사후점검 강화(제7조) ⑤ 주채권은행의 채권행사 유예요청(제9조 제3항·제4항) ⑥ 구조조정 평가주기 설정(3년)(제16조) ⑦ 신규 신용공여의 효력(제18조) ⑧ 금융채권자협의회의 의결요건(제24조 제2항) ⑨ 협의회의 위법결정에 대한 취소의 소(제25조) ⑩ 반대채권자의 매수가액에 대한 청산가치 보장(제27조) ⑪ 금융채권자조정위원회 설치(제29조) ⑫ 기업 경영인의 의견제시권 및 고충처리위원회 설치(제23조 제2항, 제30조 및 제35조 제1항 제2호)
제6차법	'18.10.16. ('18.10.16. ~'23.10.16)	① 중소기업 공동관리절차 완화(제15조 제2항 및 제16조 제1항·제2항) - 중소기업에 대한 기업개선약정 이행 점검 완화: 중소기업에 대한 공동관리절차 주기 완화 ② 채권금융기관 및 그 임직원의 면책(제34조)

가. 제1차법의 주요 내용

(1) 기업회계의 투명성 제고

제1차법은 기업회계의 투명화를 **각종 제도를 도입하였으**나, 2003년 12월 11일 「주식회사의 외부감사에 관한 법률」 (다음부터 '외감법' 이라 한다)이 개정되면서 이러한 내용을 규정하고 기촉법상의 규정은 모두 삭제하였다. 그러나 참고로, 이에 관한 제1차법의 내용을 살펴보고자 한다.34)

ⅰ) 내부회계관리제도의 법제화

기촉법의 적용대상은 금융기관 신용공여35)액이 **500억 이상인 기업**(제2조)으로 정하였으나, 회계관련 규정은 금융기관 신용공여액이 500억 이상인 기업뿐만 아니라 특별히 **외감법의 적용을 받는 기업**(자산 70억 이상)을 포함하는 것으로 적용대상을 확대하였다.

---

34) 박승두, "기촉법의 내용과 은행의 대응방안"(2001), 56~72면.

35) '신용공여'란 다음의 어느 하나에 해당하는 것으로서 금융위원회가 정하는 범위의 것을 말한다. ① 대출 ② 어음 및 채권 매입 ③ 시설대여 ④ 지급보증 ⑤ 지급보증에 따른 대지급금의 지급 ⑥ 기업의 지급불능 시 거래상대방에 손실을 초래할 수 있는 직접적·간접적 금융거래 ⑦ 위 ①에서 ⑥까지의 규정에 해당하는 거래는 아니나 실질적으로 그에 해당하는 결과를 가져올 수 있는 거래 등이다(제2조 제8호).

기업은 회계장부의 작성·보고 및 변경에 관한 **내부관리규정**을 마련하고 이를 관리할 조직을 갖추도록 한다(제4조제1항). 내부회계규정에 포함되어야 할 사항으로는 ① 회계정보의 식별·측정·분류·기록 및 보고 방법에 관한 사항 ② 회계정보의 오류를 통제하고 이를 수정하는 방법에 관한 사항 ③ 회계정보에 대한 정기적인 점검 및 조정 등 내부검증에 관한 사항 ④ 회계정보를 기록·보관하는 장부(전산시설 포함)의 관리방법과 위조·변조 및 훼손의 방지를 위한 통제절차에 관한 사항 ⑤ 회계정보의 작성 및 공시와 관련한 임·직원의 업무분장과 책임에 관한 사항 ⑥ 그 밖에 신뢰할 수 있는 회계정보의 작성 및 공시를 위하여 필요한 사항으로 대통령령이 정하는 사항36) 등이다.

기업은 내부회계관리제도에 의하지 아니하고 회계정보를 작성하거나 내부회계관리제도에 의하여 작성된 회계정보 일체를 위조·변조 및 훼손하여서는 아니된다(제4조제2항).

기업의 대표자는 내부회계관리제도의 운영을 책임지며, 당해 기업의 상근하는 이사중 1인을 내부회계관리자로 지정하여야 한다(제4조제3항). 내부회계관리자는 매반기 마다 이사회 및 감사(감사위원회 포함)에게 당해 기업의 내부회계관리제도의 운영실

---

36) ① 내부회계관리규정의 제정 및 변경절차에 관한 사항 ② 회계정보를 작성·공시하는 임·직원이 업무를 수행함에 있어서 준수하여야 할 절차에 관한 사항 ③ 기업의 대표자 등이 내부회계관리규정에 위반하여 회계정보의 작성·공시를 지시하는 경우에 있어서 임·직원의 대처방법에 관한 사항 ④ 내부회계관리규정을 위반한 임·직원의 징계 등에 관한 사항 등이다(영 제3조).

태를 보고하여야 한다(제4조제4항).

그리고 감사는 내부회계관리제도의 운영실태를 평가하여 이사회에 보고하고 당해 기업의 본사에 비치하여야 한다(제4조제5항). 이 경우 내부회계관리제도의 관리 및 운영에 대하여 시정의견이 있는 경우에는 이를 포함하여 보고하여야 한다.37)

2) 외부회계감사의 강화

외감법에 의한 감사인(공인회계사 포함)이 공인회계사법에 의한 **감사업무**를 수행하는 경우에는 내부회계관리제도의 적정성 및 준수여부와 내부회계관리 운영 실태에 대한 보고내용을 검토하여야 한다(제5조제1항).

감사인은 내부회계관리제도의 적정성 및 준수여부 등이 의문시 되거나 허위 또는 부실한 회계정보를 제공할 우려가 있는 경우에는 내부회계관리자에게 소명자료를 요구하여야 하며, 이를 검토한 종합의견을 감사보고서에 표시하여야 한다(제5조제2항).

3) 신고자 보호제도

기촉법은 분식회계를 예방하기 위하여 이러한 사실을 알고 있는 자가 **신고하는 경우** 처벌을 감면하는 제도를 두었

---

37) 추가로 내부회계관리제도의 운영등에 관하여 필요한 사항은 대통령령으로 정한다(제4조 제6항).

다. 기업의 회계정보와 관련하여 다음의 사항을 알게 된 자가 그 사실을 증권선물위원회에 신고하거나 당해 기업의 감사인 또는 감사에게 고지한 경우에는 신고자 또는 고지자에 대한 징계나 벌칙을 감면할 수 있다(제6조 제1항). 이 경우 신고 또는 고지를 받은 자는 신고자 또는 고지자의 신분 등에 관한 비밀을 유지하여야 한다(제6조 제2항).

신고대상사항은 ① 기업이 외감법에 의한 회계처리기준을 위반하여 재무제표를 작성·공시하는 경우 ② 감사인이 외감법에 의한 감사기준에 따라 감사를 실시하지 아니하거나 허위로 감사보고서를 작성하는 경우 ③ 기타 이에 준하는 경우로서 회계정보를 허위로 작성하거나 사실을 은폐하는 경우 등이다.

4) 증권선물위원회 감리결과의 활용

기촉법은 금융기관이 기업의 신용평가에 활용할 수 있도록 증권선물위원회에 대하여 외감법에 의한 감사보고서의 감리결과 및 당해 감리결과에 대한 **증권선물위원회의 조치내용**을 대통령령이 정하는 금융기관[38]에 통보하도록 하였다(제8조 제1항, 영 제7조). 이 경우 감리결과를 통보 받은 금융기관은 이를 신용공여 심사 등에 반영하여야 한다(제8조 제2항).

---

38) 여기에는 ① 은행 ② 위탁회사 ③ 보험회사 ④ 신탁회사 ⑤ 종금사 등이 해당되고, 그 밖에 기업에 대한 신용공여 심사 등에 반영하기 위하여 증권선물위원회에 감리결과 등의 통보를 요청하는 금융기관은 모두 자료를 받아 볼 수 있다(영 제8조 제1항).

(2) 기업부실의 조기 발견

I) 적용대상 기업

금융기관의 신용공여액이 **500억 이상인 기업**($\frac{제2조}{제4호}$)으로 하며, 약 1,000여 개의 기업이 이에 해당되는 것으로 파악되고 있다.

2) 정기적 평가제도

채권은행은 거래기업의 신용위험을 **정기적으로 평가**하여야 하며 적절한 사후관리조치를 취하여야 한다($\frac{제9조}{제1항}$). 기업신용위험의 상시평가기준 및 사후관리기준에는 수익성·성장성·건전성 및 안정성 등의 경영지표가 포함되어야 하며, 기본적인 기준은 금융감독위원회가 정한다($\frac{제9조}{제2항}$).

그리고 구체적인 평가기준 및 사후관리기준은 금감위의 기준을 준수하는 범위내에서 각채권은행이 자율적으로 정하며, 동 내용은 거래기업에 대하여 사전에 고지하여야 한다.

3) 외부평가기관의 활용

기업에 대한 평가에 대하여 객관성·투명성 확보를 위해 필요한 경우 주채권은행 또는 협의회는 부실징후기업[39]에 대하

---

39) 주채권은행 또는 채권금융기관협의회가 외부로부터의 자금지원 또

여 동기업과 협의하여 선임한 회계법인 등 **외부전문기관**으로
부터 자산부채실사 및 계속기업으로서의 존속능력평가 등을
받도록 요구할 수 있다(제11조).40)

(3) 채권금융기관 중심의 구조조정 추진

1) 채권금융기관의 범위 확대

　종전 워크아웃협약에 가입한 금융기관은 은행, 보험, 투신,
종금 등이나, 기촉법에서는 이들외에 증권회사, 위탁회사, 여
신전문금융회사, 상호저축은행, 한국자산관리공사, 예금보험
공사를 포함하고 있으며(제2조), 시행령에서는 신용보증기금, 기
술신용보증기금, 증권투자회사, 자산운용회사, 기업구조조정
투자회사, 유동화전문회사, 기업구조조정전문회사, 기업구조
조정조합, 한국수출보험공사 등으로 **대폭 확대**하고 있다. 또
한 외국금융기관도 국내법의 적용을 받고 국내에 설립된 법
인은 해석상 모두 적용된다.

　나아가 기촉법은 금융기관이 아닌 **일반채권자**도 협의회에
이 법의 규정을 따른다는 확약서를 제출하면 이 법의 적용상

는 정상적인 금융거래를 제외한 별도의 차입이 없이는 금융기관으로부
터의 차입금의 상환이 어렵다고 인정한 기업을 말한다(제2조 5호).

40) 이 경우 만약 부실징후기업이 이 요구를 정당한 사유 없이 이
행하지 아니하는 경우에는 채권금융기관은 당해 기업에 대하여 신
용공여를 하지 아니하거나 중단할 수 있도록 하여 그 실효성을 확
보하였다.

채권금융기관에 해당하게 되므로($^{제24조}_{제5항}$) 이 법의 적용범위를 더욱 확대가능한 것이다.[41]

2) 부실징후가능기업에 대한 경영개선 권고

채권은행은 거래기업의 신용위험을 평가한 결과 부실징후 기업에는 해당하지 않으나, **부실징후기업이 될 가능성이 큰 기업**이라고 판단되는 경우, 당해 기업에 대해서 자구계획 등 경영개선을 취할 필요가 있다는 권고를 하여야 한다($^{제10조}_{제3항}$).

이는 기업의 구조조정은 이미 기업이 부실화한 이후에는 갱생지원의 효과가 경감될 뿐만 아니라 부실가능성을 조기에 파악하여 이를 사전에 예방하고자 하는데 목적이 있다. 또 이는 갱생이 불가능하다고 판단하는 경우 신속히 퇴출절차를 진행하여 부실의 심화 및 거래기업에 대한 파급 등 사회적 비용을 축소하고자 하는데도 그 목적이 있다.

3) 부실징후기업에 대한 구조조정의 선택

주채권은행은 신용위험의 평가결과 기업이 부실징후기업

---

[41] 기촉법이 거의 대부분의 금융기관과 유사금융기관, 그리고 경우에 따라서는 일반 채권자에 대하여 까지 적용할 수 있게 되어 기존의 워크아웃제도에 비하여는 더욱 실효성을 가지게 되었다. 그런데 일반채권자가 확약서를 제출하여 채권금융기관으로 의제될 경우, 신규신용공여 및 채권재조정 의무도 부담하느냐의 여부가 문제될 수 있다. 이는 협의회에서 정할 문제이지만, 원칙적으로 신규 신용공여 및 채권재조정 의무를 부담한다고 보아야 할 것이다; 박승두, "기촉법의 내용과 은행의 대응방안"(2001), 61면.

에 해당한다고 판단되는 경우에는 이 기업이 경영정상화의 가능성이 있느냐 여부를 가려 **구조조정의 방법을 선택**하여야 한다.

① **경영정상화의 가능성이 있는 경우**에는 은행관리(단독 혹은 공동)·채권금융기관 공동관리·법정관리·화의 중 적정한 구조조정을 추진하여야 한다(제12조 제1항). 주채권은행의 이러한 조치에 불구하고 이에 반대하는 채권금융기관은 회사정리법상 정리절차를 신청할 수 있으며, 정리절차의 개시결정이 있는 경우에는 주채권은행이 취한 위의 절차는 중단된 것으로 본다(제12조 제3항). 그러나 정리절차에서는 정리담보권자 및 정리채권자의 의결절차를 거쳐야 하므로, 주채권은행의 조치에 반대하는 채권금융기관의 정리절차 신청이 사실상 실효성을 가지기는 어려울 것으로 보인다. 또 이 경우 주채권은행은 위의 조치를 취하기전에 출자전환 또는 담보 등으로 취득하거나 처분위임을 받은 **주식을 제3자에게 매각**하여 경영정상화를 추진할 수도 있다(제12조 제4항).

② **경영정상화의 가능성이 없는 경우**에는 당해 기업에 대한 해산·청산의 요구 또는 당해 기업에 파산법에 의한 파산의 원인이 있다고 판단되는 경우에는 파산의 신청 및 파산신청의 요구 중 어느 하나의 조치를 취하여야 한다(제12조 제2항). 이 경우에도 주채권은행의 이러한 조치에 불구하고 이에 반대하는 채권금융기관은 경영정상화의 가능성이 있는 경우와 마찬가지로 회사정리법상 정리절차를 신청할 수 있다(제12조 제3항). 물론 경우에도 주채권은행은 경영정상화의 가능성이 있는 경우와

마찬가지로 이러한 조치를 취하기전에 출자전환 또는 담보 등으로 취득하거나 처분위임을 받은 **주식을 제3자에게 매각**하여 경영정상화를 추진할 수도 있다(제12조제4항).42) 다만, 이에 필요한 비용이 채권금융기관이 얻는 이익을 초과한다고 판단되는 경우 또는 다른 방법에 의한 채권회수가 가능하다고 판단되는 경우 또는 다른 사유에 의하여 위 주채권은행이 취할 조치가 행하여진 경우에는 주채권은행이 그러한 조치를 취할 필요가 없다(제12조제2항단서).43)

ㄴ) 채권금융기관의 공동관리

① 협의회의 소집

채권금융기관은 협의회의 의결을 거쳐 채권금융기관의 공동관리절차를 개시할 수 있으며(제13조제1항), 채권금융기관 공동관리를 위해 채권단협의회 소집시 주채권은행은 이를 **금융감독위원장 및 채권금융기관에 통보**하여야 한다(제14조제1항).

② 채권행사 유예의 요청

금융감독위원장은 채권금융기관에 협의회가 소집통보된

---

42) 제3자에게 매각된 때에는 기촉법상 일체의 조치를 취하여도 상관없다; 박승두, "기촉법의 내용과 은행의 대응방안"(2001), 63면.

43) 주채권은행은 그 사유를 전국은행연합회에 통지하여 다른 금융기관이 알 수 있도록 하여야 한다(제12조 제5항).

날로부터 1차 협의회가 소집되는 날까지 해당 기업에 대한
채권행사(담보권 행사 포함)의 유예를 요청할 수 있다(제14조).[44] 채
권행사의 유예를 효율적으로 실시하기 위하여는 주채권은행
이 협의회 소집통지시 사전에 금감원장에게 통보하여 협의회
소집통지와 채권행사 유예 요청이 동시에 이루어지게 하거
나, 금감원장이 일괄적으로 협의회 소집통지시 채권행사를
유예해 달라는 요청을 할 수도 있을 것이다.

그리고 협의회 소집통지 및 채권행사 유예 요청은 반드시
문서로 하여야 하는 것은 아니므로 인터넷, 팩스, 전화 등으
로 발송한 후 정식문서를 보완하는 방법도 가능하다고 보아
야 할 것이다. 금감원은 내부규정상 채권행사 유예 요청시
채권액 과반수의 사전동의를 확인하도록 하고 있다.

③ 채권행사 유예기간의 결정

제1차 협의회는 소집통보일로부터 **7일 이내에 소집**하여야
하고, 여기서 구체적인 유예기간을 정하는데, 유예기간은 1개
월(자산실사시 3개월)이내로 하되, 1차에 한하여 1월의 범위내에서
연장할 수 있다(제14조).

만약 여기서 유예기간을 정하지 못하거나 채권행사의 유
예기간 종료일까지 대상기업의 경영정상화계획을 확정하지

---

44) 당초 입법안에서는 주채권은행이 협의회 개최를 통보하면 1차
협의회가 소집되는 날까지 자동적으로 채권행사를 유예하도록 규정
하고 있었으나, 재산권 침해로 인한 위헌가능성의 제기로 입법과정
에서 삭제하였다.

못한 경우에는 그 익일부터 대상기업에 대한 채권금융기관의 공동관리절차는 중단된 것으로 본다.

공동관리절차가 중단되면 위에서 설명한 경영정상화의 가능성이 없는 경우와 마찬가지로 당해 기업에 대한 **해산·청산**의 요구 또는 당해 기업에 파산법에 의한 **파산**의 원인이 있다고 판단되는 경우에는 파산의 신청 및 파산신청의 요구 중 어느 하나의 조치를 취하여야 한다(제12조제2항). 그리고 주채권은행의 이러한 조치에 불구하고 이에 반대하는 채권금융기관은 경영정상화의 가능성이 있는 경우와 마찬가지로 회사정리법상 정리절차를 신청할 수 있다(제12조제3항).

물론 이 경우에도 주채권은행은 이러한 조치를 취하기전에 출자전환 또는 담보 등으로 취득하거나 처분위임을 받은 **주식을 제3자에게 매각**하여 경영정상화를 추진할 수도 있다(제12조제4항). 이 경우 제3자에게 매각된 때에는 기촉법상 일체의 조치를 취하여도 상관없다.45)

다만, 이에 필요한 비용이 채권금융기관이 얻는 이익을 초과한다고 판단되는 경우 또는 다른 방법에 의한 채권회수가 가능하다고 판단되는 경우 또는 다른 사유에 의하여 위 주채권은행이 취할 조치가 행하여진 경우에는 주채권은행이 그러한 조치를 취할 필요가 없다(제12조제2항 단서). 그러나 주채권은행은 그 사유를 전국은행연합회에 통지하여 다른 금융기관이 알 수 있도록 하여야 한다(제12조제5항).

---

45) 박승두, "기촉법의 내용과 은행의 대응방안"(2001), 63면.

④ 부실징후기업의 요건에 대한 소명

공동관리절차를 개시하기 위한 **협의회의 소집을 요청하는 자**는 동협의회에서 당해 부실징후기업이 소정의 요건을 충족하는지 여부를 소명하여야 한다(제13조 제2항).46)

⑤ 채권단협의회의 설립 및 의결요건

채권단협의회는 주채권은행 또는 전체 금융기관 **채권액의 1/4이상의 발의**로 소집되어 채권금융기관 **총신용공여액의 3/4 이상 동의로 설립되고 의결**된다(제27조 제1항).47) 설립된 채권단협의회에는 관련된 모든 채권금융기관이 참여대상이지만 각자가 참여 여부를 결정한다. 만약 제1차 협의회에서 의결에 반대하는 채권금융기관이 1/4을 초과하면 협의회는 무산된다.

여기서 문제되는 점은 의결요건이 채권금융기관의 신고한 총신용공여액이냐 아니면 채권금융기관이 보유한 총신용공여액이냐 하는 것이다. 이에 대하여는 의결요건은 의결당시를 기준으로 하여야 하며 그렇지 않을 경우 추후 채권에 대한 추가신고가 있거나 새로이 발견되는 채권이 있는 경우 기존

---

46) 이 경우 자산부채실사 등이 필요한 경우 등 부득이한 사유가 있는 경우에는 협의회의 의결을 거쳐 채권행사의 유예기간이 종료하는 날까지 소명할 수 있다.

47) 협의회의 설립요건에 관하여는 특별한 규정이 없으나, 의결요건이 3/4이상 동의로 되어 있으므로, 이 요건을 충족하지 못하면 협의회는 자동으로 설립되지 못한다.

의결이 무효가 될 소지가 있으므로 채권금융기관의 신고한 총신용공여액을 기준으로 하여야 할 것이다.[48]

⑥ 반대채권자의 매수청구권

협의회 의결에 반대하는 채권금융기관이 1/4이하일 경우 반대자는 협의회 의결일로부터 **7일 이내**에 협의회에 대하여 자신의 채권을 시가로 매수해 줄 것을 요구할 수 있다(제29조 제1항).[49]

매수가격은 양자가 자율적으로 정하되(제29조 제4항), 합의되지 못한 경우 조정위원회가 외부전문가의 평가를 토대로 결정하고(제29조 제4항), 이에 불복하는 자는 법원에 매수가액의 변경결정을 청구할 수 있다(제33조 제2항 단서).

협의회는 1월 이내에 채권의 매입가격 및 조건을 반대채권자에게 통보하여야 하며, 의결에 찬성한 협의회소속 채권금융기관이 경영정상화 이행기간내에 매수하도록 한다(제29조 제2항).[50]

채권의 매입·상환의 가격에 대한 이견으로 구조조정절차가 지연되는 경우를 예방하기 위하여 매수가격을 확정하기가 곤

---

48) 이는 향후 법률의 개정시 회사정리법과 같이 '의결권을 행사할 수 있는' 혹은 '신고한'이라는 내용을 명확히 규정하는 것이 바람직하다; 박숭두, "기촉법의 내용과 은행의 대응방안" (2001), 64면.

49) 매수청구는 협의회에 참석하지 않았거나, 참석하여 반대의 의사를 서면으로 표시한 자에 한하며, 그 기간내에 채권매수를 청구하지 아니한 자는 당해 협의회의 의결에 찬성한 것으로 본다.

50) 협의회는 한국자산관리공사, 예금보험공사 및 정리금융기관 또는 기타 협의회가 지정하는 기관에 대하여 반대채권자의 채권의 매수를 요청하거나 당해기업이 상환하도록 요청할 수 있다.

란한 경우에는 잠정가격으로 우선 지급하고, 협의된 가격과 잠정 가격과의 차액을 사후에 정산할 수 있도록 한다(제29조 제4항).

⑦ 협의회 의결 위반자의 손해배상의무

기촉법은 기업의 구조조정을 위한 법의 실효성을 확보하기 위하여 협의회 의결을 위반한 채권금융기관에 대하여는 **손해배상책임**을 부과하였다(제30조 제1항).

손해배상사유는 ① 협의회에 참석하여 찬성의 의사를 표시한 채권금융기관이 당해 협의회의 의결을 이행하지 아니한 경우 ② 채권금융기관이 보유채권을 채권금융기관이외의 자에게 매각하거나 관리권을 위탁하면서 확약서를 받아서 협의회에 제출하지 않은 경우 등이다.

여기서 문제되는 점은 손해배상책임을 부담하는 자를 '협의회에 참석하여 찬성의 의사를 표시한 채권금융기관'이라고 규정하고 있으므로, 명시적으로 찬성의 의사표시를 한 자 이외에 채권매수청구권을 행사하지 않아 찬성한 것으로 의제되는 자는 손해배상책임을 부담하지 않느냐 하는 것이다.

이에 대하여는 법조문의 문리해석상 오해를 가질 수 있으나, 법의 취지로 볼 때 명시적으로 찬성의 의사표시를 한 자뿐만 아니라 채권매수청구권을 행사하지 않아 찬성한 것으로 의제되는 자도 손해배상책임을 부담하는 것으로 해석하여야 할 것이다.51)

⑧ 조정기구의 설치

자율합의가 어려운 채권금융기관간 이견을 조정하기 위하여 채권단이 추천하는 **민간전문가(7인)로 구성된 조정기구를** 설치하여야 하며(제31조 제1항), 조정위원의 자격은 다음과 같다(제31조 제2항)

① 금융기관 또는 금융관련분야에서 10년 이상 근무한 경험이 있는 자
② 변호사, 공인회계사
③ 금융관련분야의 석사학위 이상의 학위소지자로서 연구기관·대학에서 연구원·전임강사 이상의 직에 10년 이상 근무한 경험이 있고 기업구조조정에 관한 전문성이 있는 자
④ 기업구조조정 업무에 3년 이상 종사한 경험이 있는 자.

그리고 조정위원은 다음과 같이 선임한다(영 제11조).

① 사단법인 전국은행연합회 회장이 선정하는 자 2인
② 증권투자신탁업법에 의하여 설립된 투자신탁협회 회장이 선정하는 자 1인
③ 보험법에 의하여 설립된 보험협회 회장이 선정하는 자 1인
④ 상공회의소법에 의하여 설립된 대한상공회의소 회장이 선정하는 자 1인
⑤ 공인회계사법에 의하여 설립된 한국공인회계사회 회장이 선정하는 자 1인
⑥ 변호사법에 의하여 설립된 대한변호사협의회 회장이 선정하는 자 1인.

---

51) 박승두, "기촉법의 내용과 은행의 대응방안"(2001), 65면.

조정위원회의 업무는 다음과 같다.[52]

① 채권금융기관간 자율적 협의에도 불구하고 해소되지 아니하는 이견으로서 신용공여액 및 의결권 행사와 관련된 이견, 채권재조정 및 신규신용공여의 분담비율결정과 관련된 이견, 그 밖에 협의회의 의결로써 조정위원회에 조정을 신청하는 사항 등(제31조 제4항 제1호) .[53]

② 채권의 매입·상환의 가격 및 조건에 대한 조정

③ 위약금의 가액 및 납부받은 위약금의 배분에 대한 조정

④ 협의회 의결사항의 위반여부에 대한 판단과 그 이행에 대한 결정

⑤ 조정위원회의 운영과 관련한 규정의 제·개정

⑥ 협의회의 운영을 위한 협의회 운영방법 및 의결권 부여방법 등에 관한 권고 등(제31조 제4항 / 영 제12조 제2항).

실제 워크아웃 절차에서는 협의회에서 기업개선대상 기업으로 선정되지 못한 기업에 대하여도 조정위원회에 부의하는 사례가 발생하여 절차의 혼선을 초래한 점이 있었으나, 기촉법에서는 이러한 문제의 예방을 위하여 이를 배제하였다.[54]

---

52) 법규정상 조정위원회 부의안건이 명확하지 않은 부분이 있으나, 원칙적으로 협의회의 의결에 대한 이견은 제외되므로(제31조 제4항 제1호), 협의회에서 부결된 안건을 조정위원회에 부의하는 것은 불가능하다.

53) 협의회의 의결에 대한 이견은 제외되므로, 적법절차에 따라 의결된 사항을 자신이 반대한다고 하여 조정위원회에 조정을 요청할 수는 없다.

54) 기촉법에서는 협의회에서 의결된 사항이더라도 채권의 매입·

(4) 채권금융기관의 사후관리 강화

1) 경영정상화 이행약정의 체결

주채권은행은 공동관리절차가 개시된 부실징후기업에 대하여 채권행사 유예기간내에 협의회의 의결을 거쳐 당해 기업의 **경영을 정상화하기 위한 계획의 이행을 위한 약정**(MOU)을 체결하여야 한다(제15조제1항).

이 약정에는 당해 기업의 경영정상화를 위한 다음의 사항을 포함하여야 한다(제15조 제2항 영 제9조).

① 매출액, 영업이익 등 당해 기업의 경영 목표수준
② 목표수준을 달성하기 위하여 필요한 당해 기업의 인원, 조직 및 임금의 조정 등의 구조조정 계획과 신주의 발행, 자본의 감소 등의 재무구조 개선 계획 등을 포함한 구체적인 이행계획[55]
③ 목표수준을 달성하지 못할 경우 총인건비의 조정 등 당해 기업이 추가적으로 추진할 이행계획
④ 위 사항과 관련하여 당해 기업의 노동조합 또는 주주 등 이해관계인의 동의가 필요한 사항에 대한 동의서
⑤ 기업의 경영정상화에 필요한 유동성을 지원하기 위하여 수립되는 채권재조정 및 신용공여 계획

상환의 가격 및 조건(제31조 제4항 제2호), 위약금의 가액 및 납부받은 위약금의 배분(제31조 제4항 제3호) 등에 관하여는 법률에 명확히 규정하고 있으므로 조정의 대상이 된다.

55) 이 경우 그 이행기간은 1년 이내의 기간으로 하되, 협의회의 의결에 의하여 연장할 수 있다.

⑥ 제3자 매각, 경영위탁, 기업구조조정투자회사법에 의한 기업
　구조조정투자회사 설립 등을 통해 경영을 정상화할 경우 구
　체적인 계획

⑦ 기업의 현금흐름에 중대한 영향을 미치는 투자 및 중요한 재
　산의 양수・양도 등에 관한 사항으로서 채권금융기관 협의회
　의 사전동의가 필요한 사항

⑧ 이사회의 구성 등 지배구조 개선에 관한 사항

⑨ 기업이 약정 내용을 불이행하거나 계획대로 이행하지 않은
　경우의 조치에 관한 사항

⑩ 그 밖에 기업의 경영정상화를 위하여 필요한 사항으로서 기
　업과 협의회가 합의하여 정한 사항.

　이행계획의 **이행기간**은 원칙적으로 1년 이내이지만, 협의
회의 의결에 의하여 연장할 수 있다.[56] 채권금융기관은 이
약정이 체결되기 전까지는 운영자금의 조달 등 긴급한 자금
소요가 있는 경우로서 협의회의 의결이 있는 경우를 제외하
고는 부실징후기업에 대하여 추가로 신용공여를 할 수 없다
(제15조 제3항).

ㄹ) 경영정상화계획 이행실적 점검

　주채권은행은 MOU 이행실적을 **분기별로 점검**하여 협의회
에 보고하여야 하고, 이행기간이 2년을 경과할 경우 절차개

---

56) 이 경우 연장기간에 대하여는 특별한 제한이 없고 기업의 구조
조정을 최대한 신속히 완료하여야 하기 때문에 장기간 방치하기는
어려울 것이다.

시일로부터 매 2년마다 외부전문기관에 경영정상화 가능성에 대한 평가를 의뢰하여야 한다($_{제3항}^{제16조}$).

3) 채권재조정 또는 신규신용공여

채권금융기관은 경영정상화를 위하여 유동성 지원이 필요하다고 인정하는 경우 협의회의 의결에 따라 **채권재조정 또는 신규신용공여**를 할 수 있다($_{제1항}^{제17조}$).

채권재조정은 전체 채권금융기관이 3/4 동의 외에 총담보채권($^{당해자산의\ 청산가치범위내에서}_{유효담보가액에\ 해당하는\ 채권}$)액중 3/4 이상의 담보채권을 보유한 채권금융기관의 찬성이 있어야 한다($_{제2항}^{제17조}$).

4) 자금관리인의 파견

협의회는 채권보전을 위하여 필요하다고 판단되는 경우 당해 기업으로 하여금 자금관리 등 **주요업무**에 대하여 공동관리절차가 개시되는 날부터 **협의회가 지정하는 자**(자금관리인)**의 승인**을 얻도록 요구할 수 있다.

당해 기업이 정당한 사유없이 이에 응하지 아니하거나 관리인의 승인없이 업무를 수행한 경우에는 당해 기업에 대한 채권행사의 유예나 공동관리절차를 중단할 수 있다($_{제3항}^{제13조}$).

기업의 경영권은 회사의 경영진이 가지나, 채권보전 및 약정의 이행을 위하여 필요한 사항에 관하여는 자금관리인의 승인을 받아야 한다($_{제3항}^{영\ 제8조}$).

(5) 법적 절차와의 효율적인 연계

1) 정리절차 및 화의절차와의 관계

제1차법은 기업구조조정 등에 관하여 다른 법률에 우선하여 적용한다고만 규정하고, 당시 회사정리법과 화의법과의 관계는 규정하지 아니하였다(제3조).

주채권은행은 경영정상화가 가능하다고 판단되는 부실징후기업에 대하여 **정리절차를 신청**할 수 있고, 해당 기업은 **화의를 신청**할 수도 있다(제12조 제1항). 그리고 채권금융기관의 공동관리에 반대하는 채권금융기관은 법정관리를 신청할 수 있다(제12조 제3항).

정리절차를 신청하는 경우 주채권은행은 채권단과 기업이 약정한 경영정상화계획 또는 이를 개선한 계획을 회사정리법상 사전계획안으로 제출하도록 하여 법정절차를 단축한다(제21조 제1항). 법원의 개시결정시 채권금융기관의 관리절차는 중단한다.

그리고 개시결정이 내려지더라도 정리절차의 폐지결정이나 정리계획 불인가결정 등으로 정리절차가 종료되는 경우 중단한 금융기관공동관리절차는 효력을 회복하여 다시 진행한다. 그리고 정리절차화의절차 진행중인 기업에 대해서도 매년 1회 이상 정상화의 가능성을 평가하도록 하여(제21조 제1항) 법정절차의 장기화를 방지하도록 하였다.

2) 파산절차와의 관계

주채권은행은 회생가능성이 없는 기업은 즉시 **파산절차**를 통해 퇴출시켜($^{제12조}_{제2항}$) 부실의 심화를 예방하도록 하였다.

물론 이 경우 앞(P.42)에서 설명한 바와 같이, 주채권은행은 채권금융기관 관리·정리절차화의 또는 파산 등을 추진하기 전에 담보 또는 출자전환 등으로 취득한 **주식을 제3자에게 매각하여**($^{제12조}_{제4항}$) 기업의 구조조정을 추진할 수 있다.

(6) 원활한 구조조정의 지원

1) 신규신용공여에 대한 우선변제권의 부여

채권금융기관의 신규지원을 원활히 하기 위하여 신규신용 공여에 대하여는 법정담보권 다음의 **우선변제권**을 부여하였 다(제18조).[57]

---

57) 당초 입법안에서는 법정관리절차로 진행된 경우에도 공익채권 으로, 파산절차로 이행된 경우에는 재단채권으로 인정하였으나, 입 법과정에서 삭제되었다. 그리고 금융기관중심의 관리절차중에 우선 변제권을 가짐은 물론, 법정관리절차로 진행된 경우에도 공익채권은 아니지만 일반의 우선권있는 정리채권($^{회생}_{제228조}$)으로 분류되고, 파산절 차로 이행된 경우에도 일반의 우선권있는 파산채권($^{파산}_{제32조}$)로 인정될 것으로 해석되었다; 박승두, "기촉법의 내용과 은행의 대응방안"(2001), 69~70면.

2) 신용공여 개념의 확대

기촉법상 신용공여 개념에 "거래상대방의 지급불능시 이로 인하여 금융기관에 손실을 초래할 수 있는 거래'(제2조제6호 바목)가 포함되고, **일반채권자도** 협의회에 이 법의 규정을 따른다는 **확약서**를 제출하면 채권금융기관으로 본다(제24조제5항).

따라서 채권금융기관이 아닌 일반채권자도 확약서를 제출한 후의 거래대금은 신규신용공여에 해당되어 우선변제권을 가진다.[58]

3) 은행의 출자제한 예외 인정

채권금융기관이 구조조정지원을 위해 부채를 출자전환하거나 채권재조정 하는 경우 은행법 등의 타기업 **출자제한에 대한 예외**를 인정하였다(제34조제1항).[59]

4) 액면이하 출자절차의 간소화

부채를 출자전환시 **법원의 인가 없이도** 액면이하의 출자가 가능하도록 상법의 특례 규정을 두었다(제34조제2항).

---

58) 박승두, "기촉법의 내용과 은행의 대응방안"(2001), 70면.

59) 당시 금융기관의 타기업 출자제한 사례는 은행·종금(은행법 제37조, 종금법 제17조)의 경우 기업 발행주식의 15% 이내, 보험(보험업법시행령 제15조)의 경우 동일계열 발행주식에 총자산의 5% 이내로 제한되어 있었다.

5) 위반시 벌칙규정

금융감독위원회는 채권금융기관이 다음과 같이 기촉법에 의한 관리 의무를 해태한 경우 **시정조치**를 할 수 있다(제36조 제1항).

① 신용위험의 평가 또는 사후관리조치를 해태한 때
② 정당한 사유없이 관리절차를 개시하지 아니한 때
③ 기촉법을 위반하여 자금을 지원한 때 등
④ 보유채권을 매각하거나 관리권을 위탁한 때 등.

시정요구를 받은 채권금융기관이 정당한 사유 없이 기한 내에 **시정요구를 이행하지 아니한 때**에는 금융감독위원회는 당해 채권금융기관에 대하여 다음의 사항을 요구 또는 명할 수 있다(제36조 제2항).

① 채권금융기관 및 임직원에 대한 주의·경고·견책 또는 감봉
② 임원의 직무정지 또는 임원의 직무를 대행하는 관리인의 선임
③ 영업의 일부 정지
④ 그 밖에 이에 준하는 조치로서 위반사항의 시정을 위하여 필요하다고 인정되는 조치.

그리고 다음의 행위를 한 자는 5년 이하의 징역 또는 3천만원 이하의 **벌금**에 처한다(제37조 제1항).

① 내부회계관리제도에 의하여 작성된 회계정보 일체를 위조·

변조 및 훼손한 자

② 신고자 또는 고지자의 신분 등에 관한 비밀을 누설한 자.

그리고 기촉법은 기업의 대표자 또는 그 기업의 대리인·사용인 그 밖의 종업원이 위반행위를 한 때에는 행위자를 벌하는 외에 그 기업에 대하여도 벌금형을 과하는 **양벌규정**(제38조)을 두고 있다. 또한 일정한 규정에 위반하는 행위를 한 자는 1천만원 이하의 과태료에 처한다(제39조 제1항). 과태료는 금융감독위원회가 부과징수한다(제39조 제2항). 그리고 과태료처분에 불복이 있는 자는 그 처분의 고지를 받은 날부터 30일내에 금융감독위원회에 이의를 제기할 수 있다(제39조 제3항).

과태료처분을 받은 자가 이의를 제기한 때에는 금융감독위원회는 지체없이 관할법원에 그 사실을 통보하여야 하며, 그 통보를 받은 관할법원은 비송사건절차법에 의한 **과태료의 재판**을 한다(제39조 제4항). 소정의 기간내에 이의를 제기하지 아니하고 과태료를 납부하지 아니한 때에는 국세체납처분의 예에 의하여 이를 징수한다(제39조 제5항).

나. 제2차법의 주요 내용

(1) 부실징후기업의 관리

주채권은행은 부실징후기업에 대하여 채권금융기관협의회에 의한 채권금융기관 공동관리, 채권은행협의회에 의한 채권은행 공동관리, 주채권은행에 의한 은행관리 또는 채무자 회생법에 따른 회생절차 등의 절차에 들어가거나 들어갈 수 있도록 조치하여야 한다(제7조).

(2) 채권행사의 유예

채권금융기관 공동관리를 위하여 소집되는 1차 채권금융 기관협의회에서 채권행사의 유예기간을 유예 개시일부터 **1개 월**(_{자산부채의 실사가
필요한 경우에는 3개월})**을 초과하지 아니하는 범위**에서 정하되, 1 회에 한하여 **1개월의 범위 내에서 연장**할 수 있다(제9조).

(3) 경영정상화계획의 이행을 위한 약정

채권금융기관협의회는 채권금융기관의 공동관리절차가 개 시된 부실징후기업과 경영 목표수준, 구조조정 계획 등이 포 함된 **경영정상화계획의 이행을 위한 약정**을 체결하도록 하 고, 주채권은행은 약정의 이행실적을 분기별로 점검하여야 한다(제10조
및 제11조).

(4) 채권재조정 등

채권금융기관은 부실징후기업의 경영정상화를 위하여 필 요하다고 판단되는 경우 **4분의 3 이상의 담보채권**을 보유한 채권금융기관의 찬성으로 부실징후기업에 대하여 채권재조정 또는 신규 신용공여를 할 수 있다(제12조).

(5) 채권금융기관협의회의 의결방법

채권금융기관협의회는 채권금융기관 총신용공여액 중 **4분의 3 이상의 신용공여액**을 보유한 채권금융기관의 찬성으로 의결하여야 한다(제22조).

(6) 반대채권자의 채권매수청구권

채권금융기관협의회의 의결에 반대한 채권금융기관은 채권금융기관협의회의 의결일부터 **7일 이내**에 채권금융기관협의회에 대하여 자기의 채권을 매수하도록 청구할 수 있다(제24조).

(7) 출자 및 재산운용제한 등에 대한 특례

채권금융기관이 기업구조조정을 위하여 채권을 출자전환하거나 채권재조정을 하는 경우에는 은행법 등에서 규정하고 있는 다른 기업에 대한 **출자한도제한 및 투자한도제한** 등을 부실징후기업의 관리절차가 완료 또는 중단된 후 2년이 경과하는 날까지 적용하지 아니한다(제29조).

다. 제3차법의 주요 내용

(1) 주채권은행의 채권금융기관협의회 소집

신용위험평가 결과를 통보받은 **기업이 주채권은행에 관리절차의 개시를 신청**하면 주채권은행은 그 개시 여부를 결정하기 위한 채권금융기관협의회의 소집을 통보하여야 한다(제4조).

(2) 채권금융기관 공동관리절차의 개시

채권금융기관은 부실징후기업으로부터 관리절차의 개시 신청이 있는 경우 해당 기업의 경영정상화 가능성을 판단하여 **협의회의 의결**을 거쳐 채권금융기관 공동관리절차를 개시할 수 있다(제5조).

(3) 채권행사의 유예기간

채권금융기관 공동관리를 위하여 소집되는 1차 채권금융기관협의회에서 채권행사의 유예기간을 **1개월을 초과하지 아니하는 범위**에서 정하되, 1회에 한하여 **1개월의 범위 내에서 연장**할 수 있다(제6조).

(4) 경영정상화계획 이행약정

채권금융기관협의회는 채권금융기관 공동관리절차가 개시된 부실징후기업과 경영 목표수준, 구조조정 계획 등이 포함된 **경영정상화계획 이행약정**을 체결하도록 하고, 주채권은행은 이행약정의 이행실적을 분기별로 점검하여야 한다(제8조 및 제9조).

(5) 채권재조정

채권금융기관은 부실징후기업의 경영정상화를 위하여 필요하다고 판단되는 경우 **4분의 3 이상의 담보채권**을 보유한 채권금융기관의 찬성으로 부실징후기업에 대하여 채권재조정을 할 수 있다(제10조).

(6) 채권금융기관협의회의 의결

채권금융기관협의회는 채권금융기관 총신용공여액 중 **4분의 3 이상의 신용공여액**을 보유한 채권금융기관의 찬성으로 의결하여야 한다(제18조).

(7) 반대채권자의 매수청구권

채권금융기관협의회의 의결에 반대한 채권금융기관은 협의회의 의결일부터 **7일 이내**에 협의회의 의결에 찬성한 채권금융기관에 대하여 자기의 채권을 매수하도록 청구할 수 있도록 하고, 찬성채권자는 청구를 받은 날부터 **6개월 이내**에 연대하여 해당 채권을 매수하여야 한다(제20조).

(8) 출자한도제한 등의 특례

채권금융기관이 기업구조조정을 위하여 채권을 출자전환하거나 채권재조정을 하는 경우에는 은행법 등에서 규정하고 있는 다른 기업에 대한 **출자한도제한, 투자한도제한** 등을 관리절차가 완료 또는 중단된 후 2년이 경과하는 날까지 적용하지 아니한다(제25조).

라. 제4차법의 주요 내용

채권금융기관협의회의 소집절차 또는 결의 방법이 기촉

법에 위반된 때에는 채권금융기관 또는 부실징후기업은 협의
회의 의결이 있었던 날부터 **14일 이내**에 법원에 **의결취소의
소**를 제기할 수 있다(제18조의2 신설).

마. 제5차법의 주요 내용

(1) 적용대상의 범위 확대

기촉법이 적용되는 채무기업을 상법에 따른 회사와 그 밖
에 영리활동을 하는 자 등 **모든 기업으로 확대**하고, 기업개
선에 참여하는 채권자의 범위도 모든 금융채권자로 하여 채
권금융기관에 국한하지 아니한다(제2조, 제9조).

(2) 진행 단계별 소요기한의 명시

기업신용위험평가 관련 평가기준의 통보, 이의제기(14일), 재
평가(1개월) 등 기업구조조정의 **단계별 소요기한**을 명시하였다
(제4조, 제6조
제14조).

(3) 이의제기 및 기업개선계획안의 작성

부실징후기업으로 통보받은 기업이 **이의제기**를 할 수 있
도록 하고, 주채권은행은 자산부채실사 결과 등을 고려하여
대상 기업과 협의를 거쳐 자구계획서를 수정·보완한 **기업개
선계획안**을 작성하여야 한다(제6조, 제13조).

(4) 부실징후기업에 대한 사후점검 강화

하위 규정에 있던 부실징후기업에 대한 사후점검을 법률상 의무로 상향조정하여, 해당 기업이 부실징후기업으로 통보받은 후 정당한 사유 없이 **일정한 기간**이 지나도 구조조정 또는 법정관리 등의 신청이 없을 경우 주채권은행이 필요한 **여신관리조치**를 강구하여야 한다(제7조).

(5) 주채권은행의 채권행사 유예요청

과거 금융감독원장이 수행하던 채권행사 유예요청을 **주채권은행**이 하도록 하고, 유예요청에도 불구하고 금융채권자가 채권을 행사한 경우 구조조정 개시 후에는 이행받은 채권을 지체 없이 **원상회복**하여야 한다(제9조 제3항·제4항).

(6) 구조조정 평가주기 설정

구조조정 평가주기를 **3년**으로 하고, 3년이 경과한 시점까지 구조조정이 종료되지 아니하면 경영평가위원회가 기업의 자구노력, 지원방식의 타당성 등을 종합적으로 고려하여 계속지원 여부를 판단하도록 하며, 그 결과를 금융채권자협의회에 보고하고 외부에 공개하여야 한다(제16조).

(7) 신규 신용공여의 효력

구조조정 중인 기업에의 신규 신용공여의 효력은 찬성채권자와 채무자 기업 간 약정 체결 시에 발생하는 것으로 하며, 협의회가 신규 신용공여를 지원하기로 결의하였음에도 찬성채권자가 이를 미이행 시 **위약금 부과** 및 **손해배상청구** 등을 할 수 있도록 하고, 신규자금 지원에 따른 추가 위험은 공정하고 형평에 맞게 분담하여야 한다(제18조).

(8) 협의회의 의결요건

협의회의 의결요건과 관련하여, **단일 채권자**의 채권액 비중이 3/4 이상인 경우에는 금융채권자수 기준 2/5 이상의 찬성요건을 추가하였다(제24조 제2항).

(9) 협의회의 위법결정에 대한 취소의 소

채무조정 및 신규 신용공여와 관련된 협의회 결정사항이 기촉법에 위반된 경우 협의회 의결일부터 1개월 이내에 법원에 **취소의 소**를 제기할 수 있다(제25조).

(10) 반대채권자의 매수가액

반대채권자의 매수가액에 대하여 **청산가치 보장 원칙**을 명확히 하고, 찬성채권자가 반대채권자의 채권매수 청구를 받은 경우 6개월 이내에 연대하여 해당 채권을 매수하도록 하며, 협의회 의결 전 반대매수청구 행사내용 및 방법 등을 사전에 고지하여야 한다(제27조).

(11) 금융채권자조정위원회 설치

'금융채권자조정위원회'를 설치하여 **모든 금융채권자**가 참여할 수 있도록 하고, 위원회의 위원 임기를 2년으로 하여 전문성을 강화하는 한편, 1회에 한하여 연임할 수 있게 제한하여 독립성을 보완하였다(제29조).

(12) 기업 경영인의 의견제시권 등

주채권은행은 협의회를 소집하여 의사결정을 하는 경우 기업의 경영인에게 사전에 구두 또는 서면으로 **의견을 개진**할 기회를 부여하도록 하며, 부실징후기업의 고충을 처리하기 위하여 별도의 부실징후기업 **고충처리위원회**를 설치하였다(제23조, 제30조, 제35조).

바. 제6차법의 주요 내용

(1) 중소기업에 대한 절차 완화

기업개선약정 이행상황은 원칙적으로 주채권은행이 분기마다 점검하여야 하나, **중소기업**의 경우 협의회가 그 주기를 달리 정할 수 있도록 하고 이행점검 결과도 공개하지 않을 수 있다.

그리고 공동관리절차는 원칙적으로 3년마다 지속 필요성 등을 평가하여야 하나, **중소기업**의 경우 협의회가 그 주기를 달리 정하도록 하고 평가결과를 공개하지 않을 수 있다(제15조, 제16조).

(2) 채권금융기관 및 그 임직원의 면책

채권금융기관 및 그 임직원이 **고의 또는 중대한 과실 없**이 기촉법에 따라 기업구조조정을 위하여 업무를 적극적으로 처리한 경우에는 그 결과에 대하여 면책한다(제34조).

제 2 장 워크아웃의 시작

제1절 신용위험평가

1. 채권은행의 평가의무

가. 정기 및 수시 평가

주채권은행[60]뿐만 아니라 **모든 채권은행**은 거래기업에 대

---

60) '주채권은행'이란 해당 기업의 주된 채권은행(주된 채권은행이 없는 경우에는 신용공여액이 가장 많은 은행)을 말하며, 이 경우 주채권은행의 선정 및 변경 등에 관한 사항은 대통령령으로 정한다(제2조 제5호). 시행령의 내용은 다음과 같다. ① 신용공여액은 주채권은행을 선정하는 달의 직전 달 말일을 기준으로 하고(영 제3조 제1항). ② 채권은행 간의 협의에 따라 선정하지만, 신용공여액이 가장 많은 은행을 주채권은행으로 선정하는 경우에는 그 협의 절차를 생략할 수 있다(영 제3조 제2항). ③ 주채권은행을 변경하는 경우에는 해당 기업 또는 채권은행의 요청으로 채권은행 간의 협의에 따라 변경한다(영 제3조 제3항). ④ 변경된 주채권은행은 그 변경 사실을 지체 없이 금융감독원장에게 보고하여야 한다(영 제3조 제4항). ⑤ 금융감독원장은 다음의 어느 하나에 해당하는 경우에는 해당 기업 및 채권은행의 의견, 채권은행별 신용공여 및 취득한 담보의 규모와 구성 등을 고려하여 주채권은행을 변경할 수 있다(영 제3조 제5항). ㉮ 주채권은행 변경에 대한 채권은행 간의 협의가 이루어지지 아니하여 채권은행이 변경을 요청하는 경우 ㉯ 해당 기업이

한 신용위험평가를 **매년 1회 정기적으로 실시**하여여 하며, 필요한 경우 수시로 거래기업에 대한 신용위험평가를 할 수 있다(제4조 제1항).

채권은행협약은 신용위험평가 결과에 따라 기업을 다음과 같이 분류하고 동 평가 결과를 감안하여 내부 신용등급 조정 및 조정된 신용등급에 따른 사후관리조치를 취하도록 하고 있다(제11조 제1항).

① **정상**적인 영업이 가능한 기업(A)
② 부실징후기업이 될 **가능성**이 큰 기업(B)
③ **부실징후기업에 해당**하며 경영정상화 가능성이 있는 기업(C)
④ **부실징후기업에 해당**하며 경영정상화 가능성이 없는 기업(D).

나. 평가제외 대상

다음 사항에 해당하는 거래기업 등에 대해서는 신용위험평가를 하지 **아니할 수 있다**(영 제4조 제2항).

① 채무자회생법에 따른 회생절차 또는 파산절차가 진행 중이거나 회생절차폐지 또는 파산폐지 된 기업
② 기촉법상의 관리절차(제5조 제2항)가 진행 중인 기업
③ 채권은행의 거래기업에 대한 신용공여액이 **50억원 미만**인 경우.

제3항에 따른 주채권은행의 변경에 이의가 있어 주채권은행의 재변경을 요청하는 경우 등이다. ⑥ 금융감독원장은 주채권은행의 변경 사실과 그 이유를 해당 기업, 채권은행 및 법 제29조 제1항에 따른 금융채권자조정위원회에 알려주어야 한다(영 제3조 제6항).

2. 부실징후기업에 대한 통보

주채권은행은 거래기업의 신용위험을 평가한 결과 부실징후가 있다고 판단하는 경우 그 사실과 이유를 해당 기업에게 통보하여야 한다(제5조 제1항).

주채권은행이 아닌 채권은행은 거래기업의 신용위험을 평가한 결과 부실징후기업에 해당된다고 판단할 경우 그 사실을 지체 없이 주채권은행에 통보하여야 한다(제4조 제2항). 통보를 받은 주채권은행은 해당 거래기업의 부실징후 유무에 대하여 판단하여야 하며, 해당 채권은행에 대하여 필요한 자료의 제출 등 협조를 요청할 수 있다(제4조 제3항).

3. 신용위험평가결과에 대한 이의제기

부실징후기업으로 통보받은 기업이 평가결과에 대하여 이의가 있는 경우 통보받은 날부터 **14일 이내**에 **주채권은행**에 **이의를 제기**할 수 있으며, 이 경우 이의제기 사유를 제시하여야 한다(제6조 제1항).

주채권은행은 이의제기를 받은 날부터 **1개월 이내**에 **이의제기에 대한 심사 결과**를 해당 기업에게 통보하여야 한다(제6조 제2항).

제2절 워크아웃의 신청

1. 기업의 구조조정 선택권

구조조정의 방안을 해당 **기업이 선택**할 수 있도록 하였다.[61] 주채권은행으로부터 부실징후기업에 해당한다는 통보를 받은 기업은, 주채권은행에 대하여 기업개선을 위한 자구계획서와 금융채권자의 목록을 첨부하여, ① 금융채권자협의회에 의한 **공동관리절차**나 ② **주채권은행에 의한 관리절차**의 개시를 신청할 수 있다(제5조 제2항).

앞(P.40~41)에서 본 바와 같이, 제1차법에서는 주채권은행에 대하여 많은 재량권을 부여하여 신용위험의 평가결과에 따라

---

61) 제1차법은 채권은행이 거래기업의 신용위험을 정기적으로 평가한 후 그에 따른 적절한 사후관리조치를 취하도록 하였으며(제9조 제1항), ① 경영정상화의 가능성이 있는 경우에는 은행관리(단독 혹은 공동)·채권금융기관 공동관리·법정관리·화의 중 적정한 구조조정을 추진하여야 하고(제12조 제1항), ② 경영정상화의 가능성이 없는 경우에는 당해 기업에 대한 해산·청산의 요구 또는 당해 기업에 파산법에 의한 파산의 원인이 있다고 판단되는 경우에는 파산의 신청 및 파산신청의 요구 중 어느 하나의 조치를 취하여야 한다(제12조 제2항). ③ 부실징후기업에는 해당하지 않더라도 부실징후기업이 될 가능성이 큰 기업이라고 판단되는 경우, 당해 기업에 대해서 자구계획 등 경영개선을 취할 필요가 있다는 권고를 하여야 한다(제10조 제3항).

구조조정의 방법을 선택하여 조치를 취하도록 하였다.

그러나 제3차법에서 회사의 신청에 의하여 기촉법절차를 진행하도록 변경하였는데, 이는 채권금융기관이 회사에 대하여 기촉법을 강제적으로 적용하는 것으로 해석할 소지가 있어 이를 기업에 대하여 구조조정의 선택권을 부여한 것이다.

2. 채권은행의 조치

채권은행협약은 구조조정의 선택을 전적으로 거래기업의 선택에만 의존하지 않고, **채권은행**은 신용위험평가 결과 부실징후기업으로 분류한 기업에 대하여 경영정상화 가능성이 있다고 판단하는 경우(**c등급**)에는 지체 없이, 다음의 어느 하나에 해당하는 관리절차에 들어가거나 절차에 들어갈 수 있도록 법원에 신청하거나 당해기업에 신청을 요구하는 등의 조치를 하도록 하고 있다(제16조 제1항).

① 주채권은행에 의한 채권은행 **공동관리**
② 개별 채권은행에 의한 채권은행 **사전공동관리**[62]
③ 개별채권은행에 의한 채권은행 **단독관리**[63]
④ 채무자회생법에 따른 **회생절차**.

---

62) 전체 금융기관 채권액(단, 보증채무이행청구채권을 제외한다)의 합계가 **500억원** 미만인 기업에 한한다.

63) 주채권은행이 총채권액의 **75%**이상을 보유하고 있거나 총채권액이 **30억원** 미만인 경우에 한한다.

3. 주채권은행의 사후관리

주채권은행은 부실징후기업으로 통보받은 기업이 정당한 사유 없이 '6개월의 범위에서 대통령령으로 정하는 기간' 64)에 이 법에 따른 **관리절차**나 채무자회생법에 따른 **회생절차**를 신청하지 아니하는 경우 부실징후기업의 신용위험으로 인하여 금융시장의 안정이 훼손되지 아니하도록 해당 기업의 신용위험 및 채무상환능력의 변화 등을 지속적으로 점검하여 **필요한 조치**를 강구하도록 하였다(제7조).

---

64) 시행령에서는 '3개월'로 규정하고 있다(영 제6조).

제3절 금융채권자협의회의 소집

1. 금융채권자의 범위

금융채권자는 채권금융기관을 포함하여 **금융채권**65)을 보유한 자 모두를 말한다($\frac{제2조}{제2호}$).

채권금융기관은 금융채권자 중 ① 「금융위원회의 설치 등에 관한 법률」(다음부터 '금융위원회법'이라 한다) 제38조 각 호에 해당하는 기관 및 ② 그 밖에 법률에 따라 금융업무 또는 기업구조조정 업무를 행하는 기관으로서 대통령령으로 정하는 자를 말한다($\frac{제2조}{제3호}$).

먼저, 금융위원회법에 의하여 해당하는 **기관**은 ① 은행법에 따른 인가를 받아 설립된 은행 ② 「자본시장과 금융투자업에 관한 법률」에 따른 금융투자업자, 증권금융회사, 종합금융회사 및 명의개서대행회사(名義改書代行會社) ③ 보험업법에 따른 보험회사 ④ 상호저축은행법에 따른 상호저축은행

---

65) 기업 또는 타인에 대한 신용공여로 해당 기업에 대하여 행사할 수 있는 채권을 말한다(제2조 제1호).

과 그 중앙회 ⑤ 신용협동조합법에 따른 신용협동조합 및 그 중앙회 ⑥ 여신전문금융업법에 따른 여신전문금융회사 및 겸 영여신업자(兼營與信業者) ⑦ 농업협동조합법에 따른 농협은행 ⑧ 수산업협동조합법에 따른 수협은행 ⑨ 다른 법령에서 금 융감독원이 검사를 하도록 규정한 기관 ⑩ 그 밖에 금융업 및 금융 관련 업무를 하는 자로서 대통령령[66]으로 정하는 자 이다.

그리고 기촉법 시행령에 의하여 해당하는 **기관**은 ① 은행 법 제59조에 따라 은행으로 보는 외국은행의 지점 또는 대리 점 ② 한국산업은행 ③ 한국수출입은행 ④ 중소기업은행 ⑤ 유동화전문회사 ⑥ 한국자산관리공사 ⑦ 예금보험공사 및 정 리금융회사 ⑧ 신용보증기금 ⑨ 기술보증기금 ⑩ 산업발전법 제20조에 따른 기업구조개선 기관전용 사모집합투자기구 ⑪ 한국무역보험공사 등이다.

이처럼 기업개선에 참여하는 채권자의 범위를 채권금융기 관에 국한하지 아니하고 모든 금융채권자로 확대한 것은 제5 차법이다. 따라서 금융채권자는 '금융채권을 보유한 자'를 모두 포함하므로(제2조 제2호) 외국금융채권자에게도 적용이 확대되었 다. 그리고 채권을 매수한 자로부터 확약서를 징구할 필요가 없게 되었고,[67] 공동관리절차에서 출자전환된 주식도 금융채

---

66) 시행령은 이에 관하여 규정하지 않고 있다.

67) 앞(P.39~40)에서 본 바와 같이, 제1차법은 금융기관이 아닌 일반 채권자도 협의회에 이 법의 규정을 따른다는 확약서를 제출하면 이 법의 적용상 채권금융기관에 해당하였다(제24조 제5항).

권으로 보므로(제27조) 이를 매수한 자도 당연히 기촉법의 적용을 받는다.[68] 그러나 기촉법에서 금융채권을 "기업 또는 타인에 대한 신용공여로 해당 기업에 대하여 행사할 수 있는 채권'(제2조 제1호)으로 포괄적으로 규정하고 있으며, 신용공여에 관하여도 규정하고 있지만,[69] 운용상 그 범위가 불명확하여 혼란을 초래하고 있다.

신용공여의 개념에 관하여 쟁점이 된 **판례**를 보면, 다음과 같다. ① 호텔 및 콘도미니엄을 신축하여 매각·분양하는 사업의 시행사에 대한 갑 은행 등의 프로젝트 파이낸싱(Project Financing) 대출과 관련하여, 시공사인 을 주식회사가 책임준공을 약정하였으나 예정준공일까지 공사를 완료하지 못한 채

---

68) 제1차법에서는 이러한 규정이 없었으므로, 출자전환으로 취득한 주식을 제3자에게 매각하고자 할 경우에는 매수자로부터 동법을 따른다는 확약서를 제출토록 의무화하여(제24조) 구조조정이 종료될 때까지 모든 채권단이 공동으로 손실을 분담하도록 하였다. 이에 대하여는 출자전환주식 매각이 사실상 어렵게 되어 오히려 출자전환을 기피할 소지도 있으며, 구조조정 종료 이후에도 경영권프리미엄을 위한 지분(50%+1주)을 초과하는 출자전환주식의 경우 매각에 어려움 발생하였다. 따라서 50%+1주의 주식을 초과하는 출자전환주식에 대해서는 채권단 공동으로 매각결의를 거쳐 확약서 제출없이 매각할 수 있도록 완화할 필요성이 제기되었다.

69) 제2조 8. '신용공여'란 다음 각 목의 어느 하나에 해당하는 것으로서 금융위원회가 정하는 범위의 것을 말한다. 가. 대출 나. 어음 및 채권 매입 다. 시설대여 라. 지급보증 마. 지급보증에 따른 대지급금의 지급 바. 기업의 지급불능 시 거래상대방에 손실을 초래할 수 있는 직접적·간접적 금융거래 사. 가목부터 바목까지의 규정에 해당하는 거래는 아니나 실질적으로 그에 해당하는 결과를 가져올 수 있는 거래.

기촉법에 따라 부실징후기업으로 선정된 사안에서, 책임준공약정은 제2조 제6호 (바)목에서 정한 "거래상대방의 지급불능 시 이로 인하여 금융기관에 손실을 초래할 수 있는 거래"에 해당하고, **책임준공의무 위반에 따른 손해배상채권**은 위 법률의 위임에 따른 '기업구조조정 촉진을 위한 금융기관 감독규정' 제3조 제1항 본문에서 정한 '부실징후기업에 대하여 상환을 청구할 수 있는 채권'에 해당한다.[70]

② 자율협약 제8조에서는 "이 협약에서 정하지 않은 제반 운용방법 및 절차는 기촉법, 채권금융기관협의회 운영협약, 조선업구조조정 처리기준의 규정을 준용한다"고 규정하고 있고, 이 사건 자율협약에 있어 채권금융기관은 성동조선에 대하여 신용공여를 제공한 은행들이며, 협의회 의결은 총 신용공여의 3/4 이상을 보유한 채권금융기관의 찬성으로 의결한다. 위 준용규정에 의하면, 협의회의 일정한 사항(신규 신용공여 등)에 대한 의결에 반대하는 채권금융기관은 구 기촉법 제20조에 규정된 반대채권자의 채권매수청구권을 행사함으로써 채권금융기관의 공동관리절차에서 벗어날 수 있게 된다. 구 기촉법 제20조는 반대채권자가 찬성채권자에 대하여 자기의 채권을 매수하도록 청구할 수 있다고 규정하는데, 해당 기업에 대출계약을 체결하면서 대출금을 교부한 금융기관이 해당 기업에 대한 대출채권을 보유하고 있는 경우가 전형적이지만, 해당 기업에 신용공여를 제공하는 형태는 다양할 수

---

70) 대법원 2015. 10. 29. 선고 2014다75349 판결.

있는바, 위 규정의 채권에는 위와 같은 대출채권뿐만 아니라, 금융기관과 대상기업 사이의 금융거래에 해당하는 이 사건 **파생계약**도 포함된다고 봄이 타당하다.[71]

③ 기촉법 제2조 제1호에서는 '채권금융기관'을 당해 기업에 신용공여를 한 자로 규정하고 있고, 제2조 제6호 (나)목에서는 매입한 어음 및 채권 중 금융감독위원회가 정하는 것을 '신용공여'라고 규정하고 있으며, 금융감독규정 제4조 〈별표〉에서는 채권금융기관이 은행인 경우 은행계정이나 신탁계정으로 매입한 어음이나 회사채를 모두 신용공여의 범위 속에 포함시켜 규정하고 있고, 같은 법 제26조에서는 채권행사의 유예기간의 결정 및 연장, 채권재조정 또는 신용공여계획의 수립 및 이에 관련된 사항을 협의회의 심의·의결 사항으로 규정하고 있어 같은 법에 따라 구성된 채권금융기관협의회로서는 기촉법 및 금융감독규정에 따라 채권금융기관이 **신탁계정을 통하여 취득한 어음 및 회사채**를 대상에 포함시켜 채권행사 유예 및 채권재조정의 결의를 할 수 있다.[72]

---

71) 서울고등법원 2016. 2. 4. 선고 2014나2033138 판결.

72) 서울지방법원 2003. 10. 9. 선고 2003가합25022 판결.

2. 협의회의 소집 통보

가. 주채권은행의 통보

주채권은행은 부실징후기업으로부터 공동관리절차의 신청을 받은 날부터 **14일 이내에** 공동관리절차의 개시 여부를 결정하기 위한 **협의회(제1차 협의회)의 소집을 통보하여야** 한다 (제9조 제1항 본문).

그리고 협의회 소집통지의 방법에 관하여는 규정하지 아니하였으나, 반드시 문서로 하여야 하는 것은 아니고 인터넷, 팩스, 전화 등으로 통지하는 것도 가능할 것이다.

나. 협의회 소집이 불필요한 사유

다음의 어느 하나에 해당하는 경우 제1차 협의회의 소집을 통보하지 **아니할 수 있다**(제9조 제1항 단서).

① 주채권은행 관리절차를 통하여 해당 기업의 부실징후가 해소될 수 있다고 판단하는 경우
② 공동관리절차를 통하여도 해당 기업의 부실징후가 해소될 수 없다고 판단하는 경우.

다. 소액채권자 등에 대한 통보 생략 가능

주채권은행은 신속하고 원활한 공동관리절차의 진행을 위하여 필요한 경우 다음의 어느 하나에 해당하는 자에 대해서는 제1차 협의회의 소집을 통보하지 **아니할 수 있다**(제9조제5항).

① 금융업을 영위하지 아니하는 금융채권자
② 금융채권자의 목록에 기재된 총 금융채권액의 **100분의 1 미만**인 소액금융채권자[73]
③ 그 밖에 공동관리절차에 참여할 필요성 등을 고려하여 대통령령으로 정하는 금융채권자[74].

그러나 이상의 요건에 해당하여 협의회 소집을 통보받지 못한 금융채권자가 협의회에 **참여를 원하는 경우**, 주채권은행은 해당 금융채권자를 협의회에서 배제할 수 없다(제6조제1항).[75]

---

73) 소액금융채권자가 둘 이상인 경우에는 그 금융채권의 합계액이 금융채권자의 목록에 기재된 총 금융채권액의 100분의 5를 초과하지 아니하는 소액금융채권자에 한정한다.

74) 영 제7조(협의회에 의한 공동관리절차) ① (생략) ② 법 제9조 제5항 제3호에서 '대통령령으로 정하는 금융채권자'란 주채권은행이 신속하고 원활한 공동관리절차의 진행을 위하여 협의회의 구성에서 배제할 필요가 있다고 판단하는 금융채권자를 말한다.

75) 이 경우 해당 금융채권자는 제1차 협의회의 소집을 통보받은 금융채권자로 보되, 그 전날까지 이루어진 협의회의 의결에 대하여 대항할 수 없다.

라. 협의회 소집시 통보 사항

주채권은행이 제1차 협의회를 소집하는 때에는 **금융채권자 및 해당 기업**에게 다음의 사항을 **통보**하여야 한다(제9조 제2항).

① 회의의 일시 및 장소 ② 회의의 안건 ③ 금융채권자의 목록에 관한 사항 ④ 그 밖에 협의회의 소집 및 진행에 필요한 사항.

마. 금융감독원장 등에 대한 통보

주채권은행은 제1차 협의회를 소집하는 경우 그 사실과 내용을 **금융채권자조정위원회와 금융감독원의 원장**에게 통보하여야 한다(제9조).

3. 금융채권 양도 등의 신고

제1차 협의회의 소집을 통보받은 금융채권자가 해당 기업에 대하여 보유하고 있는 금융채권[76]을 제3자에게 양도한 경우 양도인은 그 사실을 지체 없이 주채권은행에게 통보하여야 하며, 이 경우 양수인은 협의회 의결로 달리 정하지 아니하는 한 기촉법에 따른 **양도인의 지위를 승계**한다(제9조 제7항).

---

76) 기촉법에 따른 공동관리절차에서 출자전환된 주식을 포함한다.

그러나 금융채권의 양도 전에 기촉법 또는 협의회의 의결에 따라 양도인에게 발생한 의무는 양도인이 부담하지만, 협의회는 양도인과 양수인이 함께 요청하는 경우 그 의결로 양도인의 의무를 양수인이 승계하도록 할 수 있다(제9조제8항).

4. 금융채권 관련 자료의 요청

주채권은행은 제1차 협의회의 소집을 위하여 필요한 경우에는 **채권대차거래중개기관**[77])에 대하여 다음의 사항에 관한 자료의 제공을 요청할 수 있다(제10조제1항).[78]

① 금융채권자의 성명·주소 및 전화번호
② 금융채권자의 금융채권액.

이 경우 주채권은행은 제1차 협의회의 소집을 위하여 필요한 최소한의 범위로 한정하여 자료제공을 요청하여야 하며, 제공받은 자료를 제공받은 목적 외의 용도로 이용하여서는 아니 되며(제10조제2항), 제1차 협의회 소집을 위하여 제공받은 자료의 목적을 달성한 경우 「신용정보의 이용 및 보호에 관

---

77) 「자본시장과 금융투자업에 관한 법률」에 따른 한국예탁결제원, 증권금융회사, 투자매매업자 또는 투자중개업자를 말한다.

78) 「금융실명거래 및 비밀보장에 관한 법률」제4조, 「신용정보의 이용 및 보호에 관한 법률」제32조 및 「개인정보 보호법」제18조 등의 적용을 배제한다.

한 법률」에 따라 해당 자료를 관리·삭제하여야 한다(제10조 제4항).

그리고 자료제공 요청을 받은 자가 주채권은행에게 자료를 제공하는 경우 대통령령으로 정하는 바에 따라 금융채권자에게 그 제공 사실을 알려주어야 한다(제10조 제3항)[79].

그리고 자료제공을 요청받은 자는 직무상 알게 된 부실징후기업의 공동관리절차 개시 등에 관한 정보를 타인에게 누설하거나 부당한 목적으로 이용해서는 아니 된다(제10조 제5항).

5. 채권행사의 유예

가. 채권행사의 유예 요청

주채권은행이 제1차 협의회 소집 통보를 하는 경우에는 금융채권자에게 이 **협의회의 종료 시까지** 해당 기업에 대한 금융채권의 행사[80]를 유예하도록 요구할 수 있다(제9조 제3항)[81].

---

79) 영 제7조(협의회에 의한 공동관리절차) ① ② (생략) ③ 법 제10조 제3항에 따라 주채권은행에 자료를 제공한 자는 제공한 날부터 10일 이내에 자료를 제공한 사실 및 이유를 해당 금융채권자에게 알려주어야 한다.

80) 상계, 담보권 행사, 추가 담보 취득을 포함하며, 시효중단을 위한 어음교환 회부는 제외한다.

81) 제1차법의 입법안에서는 주채권은행이 협의회 개최를 통보하면 1차 협의회가 소집되는 날까지 자동적으로 채권행사를 유예하도록 규정하고 있으나, 재산권 침해로 인한 위헌가능성의 제기로 입법

나. 유예 요청의 방법

채권행사 유예 요청 방법에 관하여는 규정하지 아니하였으나, 앞(P.80)의 협의회 소집통지와 마찬가지로 반드시 문서로 하여야 하는 것은 아니고 인터넷, 팩스, 전화 등으로 요청하는 것도 가능할 것이다.

다. 유예요청의 효력

제1차법은 부실징후기업의 공동관리절차 개시 여부를 논의하기 위해 주채권은행이 협의회 소집하는 경우, 협의회 개최일 이전에 **금융감독원장**은 협의회 개최일까지 채권행사를 유예하도록 채권금융기관에 요청할 수 있도록 규정하였는데(제14조), 대법원은 그 효력을 부인하였다.[82]

하나은행은 **SK네트웍스**(변경 전 상호: SK글로벌, 이하 '회사'라 한다)의 주채권은행으로서 이 법 제9조에 의하여 회사의 신용위험을 정기적으로 평가한 결과, 외부로부터의 자금지원 또는 별도의 비정상적인 차입이 없이는 차입금의 상환이 어렵다고 판단되자, 그에 대한 조치의

과정에서 삭제하였으며, 금융감독위원장은 채권금융기관에 협의회가 소집통보된 날로부터 1차 협의회가 소집되는 날까지 해당 기업에 대한 채권행사(담보권 행사 포함)의 유예를 요청할 수 있도록 하였다(제14조 제1항).

82) 대법원 2005. 9. 15. 선고 2005다15550 판결.

일환으로 채권금융기관 **공동관리절차**(제13조)를 개시하기 위하여 2003년 3월 12일 채권금융기관협의회의 소집을 통보하였고, 이에 **금융감독원장**은 같은 날 이 법 제14조 제1항에 따라 채권금융기관에 대하여 1차 채권금융기관협의회가 소집되는 2003년 3월 19일까지 회사에 대한 채권행사를 유예할 것을 요청하였다.

이 과정에서 **동양종합금융**은 채권행사 유예기간 동안 보유중인 회사발행 회사채와 예금(수익증권) 194억원을 **상계** 처리하였는데, 이에 대해 회사는 동양종금을 상대로 환매자금 청구소송을 제기하였다. 이에 대하여 서울지방법원은 채권행사 유예기간 중 상계는 부당하다는 원고 승소 판결(2004년 5월)을 내렸으나, 서울고등법원(2심, 2005년 1월) 및 **대법원**은 원고 패소 판결(2005년 9월)을 내렸다.

즉, 이 법 제14조 제1항에 의한 **채권행사 유예요청은 채권금융기관을 구속하는 법적 효력이 없으므로**, 금융감독원장이 채권금융기관에 대하여 채권행사를 유예하도록 요청하였다 하더라도, 위 요청을 받은 채권금융기관은 부실징후기업에 대하여 부담하는 채무와 자신의 채권이 상계적상에 있는 경우 대등액에 관하여 상계할 수 있다.

라. 원상회복 청구권

현행법은 채권행사 유예 요청을 받아들이지 않고 **채권행사를 한 금융채권자**에게 주채권은행은 그 이전 상태로의 회복을 청구할 수 있도록 하였다.

즉, 금융채권의 행사유예를 요구받은 금융채권자가 금융채권을 행사한 때에는 공동관리절차의 개시 후 지체 없이 원상을 회복하여야 하며, 주채권은행은 협의회의 의결에 따라 해당 금융채권자에게 **원상회복의 이행**을 요청할 수 있다(제9조제4항).

6. 금융채권의 신고 등

가. 금융채권의 신고

주채권은행으로부터 제1차 협의회의 소집을 통보받은 금융채권자는 통보받은 날부터 **5일 이내**에 주채권은행에게 소집통보일 직전일을 기준으로 해당 기업에 대한 금융채권의 내용과 금액을 신고하여야 한다(제20조제1항).

나. 금융채권자의 의결권

금융채권자는 **신고된 금융채권액에 비례**하여 협의회에서 의결권을 행사한다(제20조제2항). 만약 제1차 협의회의 소집을 통보받은 금융채권자가 위 신고기간에 금융채권을 신고하지 아니한 경우에는 그 신고가 있을 때까지 해당 기업이 제출한 금융채권자의 목록에 기재된 금융채권액에 비례하여 의결권을 행사한다(제20조제3항).

협의회는 금융채권자가 신고한 금융채권의 존재 여부 등에 관하여 다툼이 있는 경우 그 존재 여부 등이 확정될 때까지 그 의결권 행사를 제한할 수 있다(제20조제4항).

의결권 행사가 제한된 금융채권자는 금융채권의 존재 여부 등이 확정된 날부터 의결권을 행사할 수 있으며, 그 확정일 전 협의회의 의결에 대하여 대항할 수 없다(제20조 제5항).[83]

그리고 신고기간이 경과한 후에 금융채권액을 신고하는 자는 그 금액이 확정된 날부터 의결권을 행사할 수 있으며, 그 확정일 전 협의회의 의결에 대하여 대항할 수 없다(제20조 제6항).

해당 기업이 제출한 금융채권자의 목록에 누락되어 금융채권액을 신고하지 못한 금융채권자에 대해서도 기촉법이 적용된다(제20조 제7항).[84]

7. 회생절차에서의 배려

가. 자율 구조조정 지원 프로그램

서울회생법원은 2018년부터 '자율 구조조정 지원 프로그램' 시범실시하고 있는데, 주요 내용은 다음과 같다.[85]

---

83) 이 경우 채권매수청구기간은 금융채권의 존재 여부 등이 확정된 날부터 계산한다.

84) 이 경우 채권매수청구기간은 금융채권액이 확정된 날부터 계산한다.

85) 서울회생법원 보도자료, 서울회생법원, "자율 구조조정 지원 프로그램"(Autonomous Restructuring Support Program; ARS Program) 시범실시, 2018. 7. 9.

① **개시결정의 보류**이다. 회생신청한 채무자나 채권자들이 자율 구조조정 의사를 표시하는 경우 법원은 '회생절차협의회'를 소집하여 확인 후 '회생절차 개시여부 보류결정'을 내린다. 개시여부 보류 기간은 최초 1개월이고, 자율 구조조정 협의 진척 상황에 따라 추가 2개월까지 연장할 수 있다.[86)]

② **자율 구조조정 협의의 진행**이다. 채무자는 종전과 동일하게 정상영업을 하면서(상거래채권 변제도 가능) 주요채권자들과 자율적으로 사적 구조조정 협의를 진행하되, 기업실사, 구조 조정안 합의 등의 단계에 이를 경우 법원에 회생절차 개시여 부 보류 기간의 연장을 요청할 수 있다. 법원은 회생절차협 의회를 운영하면서 자율 구조조정 협의 상황을 확인하고, 그 협의 진행에 필요한 채무자회생법상 지원조치를 하게 된다.

③ **구조조정안 합의시 회생신청을 취하한다.** 자율 구조조정 협 의 결과 주요채권자들과 채무자 사이에 구조조정안이 최종 타결되면 회생신청을 취하하여 회생신청이 없던 상태로 돌 아간다.

④ **합의가 안 되는 경우 회생절차를 진행한다.** 신속히 개시 여 부 결정하고 후속 절차를 진행할 수 있다.

나. 법원의 조치 사항

법원의 **자율구조조정 지원 조치**(Autonomous Restructuring Support, ARS)는 다음과 같다.

---

86) 최대 3개월을 원칙으로 하되, 사건에 따라 다를 수 있다.

① **회생절차 개시여부 보류기간** 동안 채무자·채권자들이 요청하는 경우, 회생법원은 채무자회생법상 제도를 활용하여 다음의 여러 가지 지원조치를 할 수 있다. 보전처분에서 '채무변제금지 등 보전처분'을 하지 않거나, '보전처분'으로 변제가 금지되는 채권에서 상거래채권을 제외하는 결정을 하면 채무자의 정상영업이 가능하다. 채권자들에 대한 강제집행 금지 등 포괄적 금지명령을 내리며, 채권자들 스스로 구조조정 기간 중 채권행사유예를 하면 불필요하다. 구조조정을 위한 실사 담당 회계법인을 그대로 개시전 조사위원으로 선임한다.

② 회생절차가 개시되면 **실사결과**를 회생절차에서의 조사보고서로 활용함으로써 절차의 신속을 기한다.

③ 향후 회생절차가 개시되면 최우선변제권을 가진 **공익채권**이 될 수 있도록 함으로써 신규자금 대출을 원활하게 한다.

④ **채권자협의회 추천의 CRO**를 선임하여 채권자와 채무자 사이의 소통창구, 자금지출 감독, 구조조정 방안 제시 등의 역할을 수행한다.

⑤ 협상지원을 위한 **조정위원(Mediator)** 선임하여, 법원 선임의 중립적 조정위원이 채권자와 채무자 사이 뿐 아니라 채권자들 사이(찬성채권자 vs. 반대채권자)의 구조조정을 위한 협상을 중재한다.

⑥ 회생절차개시 전이라도 인수희망자가 있는 경우 **인가전 M&A절차**를 시작하여 절차의 신속을 기할 수 있고, 개시결정과 동시에 사전협상된 인가전 영업양도 허가를 하여 즉시 정상영업을 하게 할 수 있다.

⑦ 구조조정안이 합의되지 않더라도 채권자 1/2 이상이 동의하는 경우 **사전계획안(P플랜)** 절차로 진행할 수 있다.

제3장 워크아웃의 진행

제1절 금융채권자협의회의 운영

1. 금융채권자협의회의 구성

가. 협의회 운영의 기본원칙

(1) 구성 및 목적

협의회는 금융채권자로 구성하며, 부실징후기업의 원활한 기업개선을 도모함을 목적으로 한다(제22조 제1항).

(2) 주채권은행 중심의 운영

주채권은행은 **협의회의 소집 및 운영을 주관**하며, 협의회가 의결한 사항에 관하여 **협의회를 대표**한다(제22조 제2항). 주채권은행은 업무에 관한 사항을 심의 · 의결하기 위하여 협의회를 소집할 수 있다.

주채권은행이 아닌 금융채권자는 단독 또는 다른 금융채

권자와 합하여 공동관리기업에 대한 금융채권액이 협의회를 구성하는 금융채권자가 보유한 총 금융채권액[87]의 4분의 1을 초과하는 경우 주채권은행에 대하여 협의회의 소집을 요청할 수 있으며, 요청을 받은 주채권은행은 지체 없이 협의회 소집에 필요한 조치를 하여야 한다(제22조제3항).

나. 협의회의 업무

협의회는 다음의 사항을 **심의·의결**한다(제23조제1항).

① 공동관리절차의 개시, 연장, 중단 및 종료
② 채권행사 유예기간의 결정, 연장 및 중단
③ 적용배제 금융채권자의 선정
④ 기업개선계획의 수립 및 변경
⑤ 약정의 체결
⑥ 약정 이행실적에 대한 점검 및 조치
⑦ 해당 기업의 경영정상화 가능성에 대한 점검·평가 및 조치
⑧ 채무조정 또는 신규 신용공여 계획의 수립
⑨ 위약금의 부과
⑩ 약정의 미이행으로 인한 손해배상 예정액의 책정
⑪ 협의회 운영규정의 제정·개정
⑫ 이상의 내용과 관련된 사항
⑬ 그 밖에 기촉법에 따라 협의회의 의결이 필요한 사항.

---

87) 공동관리절차에서 출자전환된 채권액을 포함하며, 다음부터 '협의회 총금융채권액'이라 한다.

다. 기업의 경영인 등의 의견개진권

협의회는 업무에 관한 사항을 심의·의결하는 경우 사전에 해당 기업의 **경영인** 및 동의서를 제출한 기업의 **주주 또는 노동조합 등** 이해관계인에게 구두 또는 서면으로 의견을 개진할 수 있는 기회를 부여하여야 한다(제23조 제2항).

라. 운영위원회 또는 주채권은행에 위임

협의회는 공동관리기업에 대한 효율적인 기업개선을 위하여 필요한 경우 그 의결로 그 업무의 전부 또는 일부를 협의회를 구성하는 금융채권자의 대표로 구성되는 **운영위원회** 또는 **주채권은행**에 위임할 수 있다(제23조 제3항).

2. 협의회의 의결

가. 협의회의 가결요건

협의회의 가결요건은 원칙적으로 채권액 기준으로 하며, 기촉법 또는 협의회의 의결에 다른 정함이 있는 경우를 제외하고, 협의회 **총금융채권액 중 4분의 3 이상**의 금융채권액을 보유한 금융채권자의 찬성으로 의결한다(제24조 제2항).

그러나 **단일 금융채권자**가 보유한 금융채권액이 협의회 총금융채권액의 4분의 3 이상인 경우에는 이미 의결요건을 충족하였으나, 해당 금융채권자의 독주를 막기 위하여 해당 금융채권자를 포함하여 협의회를 구성하는 **총 금융채권자 수의 5분의 2 이상**의 찬성으로 의결하도록 하였다(제24조 제2항).

나. 의결권 배제 사유

협의회가 위약금의 부과와 사항을 의결하는 경우에는 그 **대상이 되는 금융채권자** 및 그가 보유하는 금융채권은 위 가결요건의 각 비율을 산정함에 있어서 포함하지 아니한다(제24조 제3항).

다. 협의회의 의결방법

협의회는 **서면으로 의결**할 수 있으며(제24조 제1항), 그 의결로 구체적인 사안의 범위를 정하여 위 가결요건을 다르게 정할 수 있다(제24조 제4항).

라. 협의회의결의 효력

제1차법상 협의회의결의 효력이 문제되었는데, 그 내용은 다음과 같다.

2000년 11월 현대건설 유동성 문제에 대처하기 위하여 35개 채권금융회사가 협약을 체결하고 자율협의회를 구성하였고, 이 협의회는 2001년 3월 기존채권 중 1조 4천억원을 출자전환하고 1조 5천억원의 유상증자에 참여하기로 결의하였다.

이에 대하여 2001년 6월 교보생명, 제일화재, 동양화재 등 3개 금융회사는 해외에서 발행된 신주인수권부사채(BW)는 출자전환 대상 채권이 아님을 주장하며 출자전환을 이행하지 아니하였다. 이에 채권금융기관협의회는 기촉법 시행 이후인 2001년 11월 출자전환 미이행 금융기관에 대해 조속한 이행을 다시 의결하였으나, 교보생명 등 3개 회사는 출자전환을 계속 이행하지 아니하였다.

결국, 2003년 5월 주채권은행인 외환은행은 교보생명 등을 상대로 **출자전환 이행 청구 소송** 제기하였으며, 이에 대하여 서울중앙지방법원은 2004년 8월 원고 승소 판결[88]을 내렸으나, 서울고등법원은 2005년 4월 이 법상 채권금융기관협의회 결의만으로 채권재조정을 강요하는 기촉법 규정($\frac{\text{제17조 제1항}}{\text{제27조 제1·2항}}$)은 위헌 소지가 있다고 판단하고 직권으로 헌법재판소에 위헌심판을 청구하였는데,[89] 그 후 본안 소송이 취하되어 헌재에서 각하처분되었다.[90]

그런데, 채무자회생법에서 회생계획안의 인가시 담보채권자의 경우 4분의 3 채권액과 무담보채권자의 경우 이보다 낮은 3분의 2 채권액 의결조건을 따르고 있으며, 구 화의법에

---

88) 서울중앙지법 2004. 8. 17. 선고 2003가합43808 판결.

89) 서울고등법원 2005.4.26. 2004나68399 위헌제청결정.

90) 뒤(P.142~144)에서 보는 바와 같이, 안병구 변호사는 이에 반박하고 있다; 안병구, "구 기촉법의 주요쟁점과 재입법방안 지정토론문"(2011), 32~33면.

서 화의조건의 인가시에도 4분의 3 채권액 의결조건을 준수하였다는 점에서 볼 때, 국민경제적 측면에서 절차의 효율적인 진행을 위하여 필요최소한의 제한이라고 보아야 할 것이므로 **위헌성이 없다**고 본다.[91]

마. 협의회의결 취소의 소

(1) 소 제기 요건

① 협의회의 소집절차 또는 의결방법이 기촉법에 위반된 때에는 ② 금융채권자 또는 공동관리기업은 ③ 협의회의 의결이 있었던 날부터 **14일 이내에** ④ **주채권은행을 상대로** ⑤ **주채권은행의 주된 사무소**를 관할하는 지방법원($^{제25조}_{제4항}$)에 의결취소의 소를 제기할 수 있다($^{제25조}_{제1항}$).

이는 채무조정 또는 신규 신용공여에 관한 협의회의 의결이 기촉법에 위반된 때에도 적용하는데, 이 경우에는 제소기간을 협의회 의결이 있었던 날부터 1개월로 연장하였다($^{제25조}_{제2항}$).

(2) 판결의 효력

협의회 의결을 취소하는 판결은 **협의회를 구성하는 금융채권자**에 대하여도 그 효력이 있다($^{제25조}_{제3항}$).

---

91) 참고로, 우리의 기촉법절차와 유사한 호주의 회사법(Corporations Act) 제5.3A장에 규정하고 있는 임의관리제도에서는 회의 참석자 수 및 채권액 모두 **과반수**로 의결하고 있다.

제2절 금융채권자공동관리절차

1. 공동관리절차의 개시

가. 제1차 협의회의 의결 사항

금융채권자는 제1차 협의회 소집의 통보를 받은 날부터 **3 개월의 범위**에서 대통령령으로 정하는 기간에[92] 개최되는 제1차 협의회에서 다음의 사항을 의결할 수 있다(제11조 제1항).

① 공동관리절차에 참여할 금융채권자의 구성
② 공동관리절차의 개시
③ 부실징후기업에 대한 채권행사유예 여부 및 유예기간의 결정
④ 그 밖에 공동관리절차의 개시를 위하여 필요한 사항.

---

92) 영 제8조(공동관리절차의 개시) 법 제11조 제1항에서 '대통령령으로 정하는 기간'이란 주채권은행으로부터 소집 통보를 받은 날부터 **14일 이내의 기간**을 말한다. 다만, 법 제11조 제1항 제1호에 따른 금융채권자의 구성을 의결하기 위하여 필요한 경우에는 **28일** 이내로 할 수 있다.

나. 금융채권자의 구성

금융채권자의 구성에 관한 의결은 제1차 협의회의 소집을 통보받은 금융채권자의 **총 금융채권액 중 4분의 3 이상**의 금융채권액을 보유한 금융채권자의 찬성으로 한다(제11조제4항). 협의회의 의결에 따라 공동관리절차에 참여하지 아니하는 금융채권자(적용배제 금융채권자)에 대하여는 기촉법에 따른 공동관리절차가 적용되지 아니한다(제11조제3항).

금융채권자[93]는 협의회가 의결한 사항을 성실히 이행하여야 하고(제28조제1항), 협의회는 금융채권자에 대하여 의결사항의 이행을 요구할 수 있다(제28조제2항). 만약 금융채권자가 의결사항을 이행하지 아니하는 때에는 협의회가 그 의결에 따라 위약금을 부과할 수 있다(제28조제3항).

금융채권자는 협의회의 의결사항 또는 약정을 이행하지 아니하여 다른 금융채권자에게 손해를 발생시킨 경우 다른 금융채권자가 받은 손해의 범위에서 **연대하여 손해를 배상할** 책임이 있다(제28조제4항). 협의회는 의결사항의 불이행에 따르는 손해배상 예정액을 의결로 정할 수 있다(제28조제5항).

다. 채권행사 유예기간의 결정

채권행사의 유예기간은 공동관리절차 개시일부터 **1개월**[94]

---

93) 채권의 매수를 청구한 금융채권자는 제외한다.

을 초과하지 아니하는 범위로 하되, 1회에 한정하여 **1개월**의 범위에서 협의회의 의결을 거쳐 연장할 수 있다(제11조
제2항).

2. 반대채권자의 채권매수청구권

가. 채권매수청구권의 발생사유

다음의 어느 하나에 해당하는 사항에 대하여 협의회의 의결이 있는 경우 그 의결에 반대한 금융채권자는 협의회의 의결일부터 **7일 이내**(매수청구기간)**에 주채권은행에 대하여** 채권의 종류와 수를 기재한 서면으로 자기의 금융채권[95] 전부를 매수하도록 청구할 수 있다(제27조
제1항).[96]

이 경우 채권의 매수를 청구할 수 있는 금융채권자는 협의회의 의결일까지 반대의 의사를 서면으로 표시한 자에 한정하며, 매수청구기간에 채권을 매수하도록 청구하지 아니한 자는 해당 협의회의 의결에 찬성한 것으로 본다(제27조
제1항).

---

94) 자산부채의 실사가 필요한 경우에는 **3개월**.

95) 공동관리절차에서 출자전환된 주식을 포함한다.

96) 주채권은행은 매수청구사유에 해당하는 사항에 관한 협의회의 소집을 통보하는 때에는 채권매수청구권의 내용 및 행사방법을 알려야 한다(제27조
제6항).

① 공동관리절차의 개시 ② 기업개선계획의 수립 및 변경
③ 채무조정 ④ 신규 신용공여 ⑤ 공동관리절차의 연장
⑥ 그 밖에 협의회의 의결로 정하는 사항.

나. 매수의무자 및 매수 기간

찬성채권자는 매수청구기간이 종료하는 날부터 **6개월 이내**에 연대하여 해당 채권을 매수하여야 한다(제27조).97) 찬성채권자는 반대채권자와 합의한 경우 해당 기업 또는 제3자로 하여금 반대채권자의 채권을 매수하도록 할 수 있다(제27조).

다. 매수가액 및 조건

반대채권자가 매수를 청구한 채권의 매수가액 및 조건은 찬성채권자98)와 채권의 매수를 청구한 반대채권자가 **합의**하여 결정한다(제27조). 이 경우 매수가액은 반대채권자가 해당 기업의 **청산**을 통하여 변제받을 수 있는 금액보다 불리하지 아니하도록 해당 기업의 가치 등 대통령령으로 정하는 사항99)을 고려한 공정한 가액으로 한다(제27조).

---

97) 반대채권매매의 당사자가 조정을 신청하거나 법원에 이의를 제기한 경우에는 그러하지 아니하다.

98) 찬성채권자의 위임을 받은 협의회를 포함한다.

99) 영 제13조(채권매수가액) 법 제27조 제3항 후단에서 "해당 기업의 가치 등 대통령령으로 정하는 사항"이란 다음 각 호의 사항을 말한다. 1. 법 제27조 제1항 각 호 외의 부분 전단에 따른 반대채권자가 매수를 청구한 채권의 종류, 성격 및 범위 2. 해당 기업의 자

합의가 이루어지지 아니하는 경우 찬성채권자 또는 채권의 매수를 청구한 반대채권자는 **금융채권자조정위원회**에 대하여 채권의 매수가액 및 조건에 대한 조정을 신청할 수 있다($\frac{제27조}{제5항}$).

이 경우 조정위원회는 찬성채권자와 채권의 매수를 청구한 반대채권자가 합의하여 선임한 회계전문가가 해당 기업의 가치와 재산상태, 약정의 이행가능성 및 그 밖의 사정을 참작하여 산정한 결과를 고려하여 공정한 가액으로 이를 결정하여야 한다($\frac{제27조}{제5항}$).

3. 기업개선계획의 이행을 위한 약정

가. 자산부채의 실사

협의회는 공동관리절차가 개시된 기업(공동관리기업)에 대하여 그 기업과 협의하여 선임한 회계법인 등 외부전문기관으로부터 자산부채실사 및 계속기업으로서의 존속능력평가 등을 받도록 요청할 수 있다($\frac{제12조}{제1항}$).

공동관리기업은 외부전문기관의 실사 및 평가에 대하여

산과 부채의 종류, 성격 및 범위 3. 그 밖에 반대채권자가 매수를 청구한 채권의 공정한 가치 산정을 위하여 금융위원회가 정하여 고시하는 사항.

필요한 자료를 제출하는 등 적극 협조하여야 한다($\frac{제12조}{제2항}$).

나. 기업개선계획의 작성

주채권은행은 공동관리기업에 대한 외부전문기관의 자산부채실사 결과 등을 고려하여 **공동관리기업의 기업개선을 위한 계획**(기업개선계획)을 작성하여 협의회에 제출하여야 한다($\frac{제13조}{제1항}$).

이 경우 주채권은행은 기업개선계획에 대하여 사전에 해당 기업과 협의하여야 하며, 기업개선계획에는 해당 기업의 부실에 상당한 책임있는 자 간의 공평한 손실분담 방안이 포함되어야 한다($\frac{제13조}{제1항}$). 기업개선계획에는 다음의 사항을 포함할 수 있다($\frac{제13조}{제2항}$).

① 채무조정
② 신규 신용공여
③ 공동관리기업의 자구계획
④ 채무조정 및 신규 신용공여를 이행하지 아니하는 금융채권자에게 부과하는 위약금
⑤ 그 밖에 공동관리기업의 기업개선을 위하여 필요한 사항.

주채권은행은 기업개선계획이 의결된 후에도 공동관리기업의 기업개선을 위하여 필요하다고 판단하는 경우 협의회의 의결에 따라 기업개선계획을 변경할 수 있다($\frac{제13조}{제3항}$).

다. 기업개선계획의 이행을 위한 약정

협의회는 기업개선계획을 의결한 날부터 **1개월 이내**에 공동관리기업과 기업개선계획의 이행을 위한 **약정을 체결**하여야 한다(제14조 제1항). 약정에는 협의회가 의결한 기업개선계획 외에 공동관리기업의 기업개선 등을 위하여 다음의 사항을 포함할 수 있다(제14조 제2항).

① 매출액·영업이익 등 해당 기업의 경영 목표수준
② 목표수준을 달성하기 위하여 필요한 해당 기업의 인원·조직 및 임금의 조정 등 구조조정 계획과 신주의 발행, 자본의 감소 등 재무구조 개선 계획 등을 포함한 구체적인 이행계획100)
③ 목표수준을 달성하지 못할 경우 총 인건비의 조정 등 해당 기업이 추가적으로 추진할 이행계획
④ 위 ② 및 ③에 따른 사항과 관련하여 해당 기업의 주주 또는 노동조합 등 이해관계인의 동의가 필요한 사항에 대한 동의서
⑤ 기업의 현금흐름에 중대한 영향을 미치는 투자 및 중요한 재산의 양수·양도 등에 관한 사항
⑥ 제3자 매각, 경영위탁 등을 통하여 경영을 정상화할 경우 그 구체적인 계획

---

100) 이 경우 그 이행기간은 **1년 이내**로 하되, 협의회의 의결로 연장할 수 있다.

⑦ 이사회의 구성 등 지배구조의 개선에 관한 사항
⑧ 기업개선을 위하여 필요하다고 협의회에서 의결한 사항 및 향후 이행계획
⑨ 기업이 약정을 미이행한 경우의 조치에 관한 사항
⑩ 공동관리절차의 중단 및 종료에 관한 사항
⑪ 그 밖에 기업개선을 위하여 필요한 사항으로서 협의회와 공동관리기업이 합의한 사항.

라. 약정의 이행점검

약정의 당사자는 체결된 약정을 성실히 준수하여야 하며 (제15조제1항), **주채권은행**은 약정의 이행실적을 **분기별**[101]로 **점검**하여 그 결과를 협의회에 보고하여야 한다(제15조제2항).

그리고 대통령령으로 정하는 바에 따라[102] 다음의 어느 하나에 해당하는 정보를 제외한 기업개선계획의 진행상황을 연 1회 이상 공개하여야 한다(제15조제2항).

① 영업비밀에 해당하거나 자산가치의 하락 등 원활한 기업개선의 추진에 어려움이 발생할 가능성이 있는 것으로 판단되는 정보
② 중소기업 중에서 「자본시장과 금융투자업에 관한 법률」에 따른 사업보고서 제출대상법인이 아닌 기업의 이행점검 결과.

---

101) 중소기업인 경우에는 협의회가 정하는 시기별.

102) 영 제9조(기업개선계획의 진행상황 공개 등) ① 주채권은행은 법 제15조 제2항에 따라 법 제13조 제1항에 따른 기업개선계획의 진행상황을 **조정위원회의 홈페이지**에 공개하여야 한다.

주채권은행은 약정 이행실적의 점검을 위하여 필요한 업무 또는 재산에 관한 보고, 자료의 제출, 관계자의 출석 및 진술 등을 공동관리기업에 요청할 수 있으며, 요청받은 기업은 정당한 사유가 없으면 이에 따라야 한다(제15조 제3항).

동의서를 제출한 자는 약정의 이행상황 및 계획에 대한 설명을 대통령령으로 정하는 방법에 따라103) 공동관리기업을 통하여 주채권은행에 요청할 수 있으며, 주채권은행과 해당 기업은 정당한 사유가 없으면 지체 없이 이에 응하여야 한다(제15조 제4항).

4. 공동관리절차의 평가 및 공개

공동관리기업과 약정을 체결한 날부터 **3년이 경과하는 날**까지 공동관리절차가 종료되지 아니한 경우 주채권은행은 대통령령으로 정하는 바에 따라 경영평가위원회를 구성하여 공동관리절차의 효율성, 해당 기업의 기업개선 가능성, 공동관리절차의 지속 필요성 등을 평가하고 그 결과를 협의회에 보고하여야 한다(제16조 제1항).104)

---

103) 영 제9조(기업개선계획의 진행상황 공개 등) ① (생략) ② 법 제15조 제4항에서 '대통령령으로 정하는 방법'이란 설명을 요청하는 사유를 적은 서면을 법 제12조 제1항에 따른 공동관리기업에 제출하는 방법을 말한다.

104) 공동관리기업이 중소기업인 경우에는 주채권은행이 협의회의 의결에 따라 공동관리절차의 평가시기를 달리 정할 수 있다.

주채권은행은 보고일부터 **7일 이내에** 그 평가결과를 대통령령으로 정하는 방법105)에 따라 공개하여야 하지만, 다음의 어느 하나에 해당하는 정보는 공개하지 아니할 수 있다(^{제16조}_{제2항}).

① 영업비밀에 해당하거나 자산가치의 하락 등 원활한 기업개선의 추진에 어려움이 발생할 가능성이 있는 것으로 판단되는 정보
② 중소기업 중에서 「자본시장과 금융투자업에 관한 법률」에 따른 사업보고서 제출대상법인이 아닌 기업의 평가결과.

5. 채무조정

금융채권자는 공동관리기업의 기업개선을 위하여 필요하다고 판단하는 경우 협의회의 의결에 따라 해당 기업에 대한 채무조정을 할 수 있다(^{제17조}_{제1항}).106)

협의회의 의결은 금융채권자의 **담보채권**107)**총액 중 4분의 3 이상의** 담보채권을 보유한 금융채권자가 찬성하여야 그 효력이 있다(^{제17조}_{제2항}).

---

105) 영 제11조(공동관리절차에 대한 평가결과의 공개) 주채권은행은 법 제16조 제2항 각 호 외의 부분 본문에 따라 같은 조 제1항에 따른 평가결과를 **조정위원회의 홈페이지**에 공개하여야 한다.

106) 이 경우 채무조정에 관한 협의회의 의결은 권리의 순위를 고려하여 공정하고 형평에 맞게 이루어져야 한다.

107) 해당 자산의 청산가치 범위에서 유효담보가액에 해당하는 채권을 말한다. 이하 같다.

채무조정 중 금융채권의 상환기일 연장 및 원리금 감면은 협의회 의결로 달리 정하지 아니하는 한 그 의결이 공동관리 **기업에 통보되는 때**부터 효력을 발생한다(제17조 제3항).

6. 신규 신용공여

금융채권자는 공동관리기업의 기업개선을 위하여 필요하다고 판단하는 경우 협의회의 의결에 따라 해당 기업에 대하여 신규 신용공여[108]를 할 수 있다. 이 경우 신규 신용공여 금액은 협의회 의결로 달리 정하지 아니하는 한 **신고된 금융채권액에 비례**하여 정한다(제18조 제1항).

신규 신용공여로 인한 금융채권은 법정담보권 다음으로 협의회를 구성하는 다른 금융채권자[109]의 금융채권에 **우선하여 변제받을 권리**를 가진다(제18조 제2항).

협의회가 공동관리기업에 대한 신규 신용공여를 의결하는 때에는 신규 신용공여를 하지 아니하는 금융채권자가 신규 신용공여를 하는 금융채권자에 대하여 부담하는 손실분담에 관한 사항을 정할 수 있다(제18조 제3항).[110]

금융채권자가 공동관리기업에 대하여 신규 신용공여를 할

---

108) 기존 신용공여조건의 변경은 제외한다. 이하 같다.

109) 공동관리절차에 참여하는 금융채권자를 말한다.

110) 이 경우 신규 신용공여에 따른 손실분담은 공정하고 형평에 맞게 이루어져야 한다.

의무는 금융채권자가 해당 기업과 신규 신용공여에 관한 약정을 체결하는 때에 발생한다(제18조 제4항).

7. 주채권은행 관리절차

주채권은행은 부실징후기업으로부터 주채권은행 관리절차의 신청이 있어 자구계획서 등을 평가하여 기업개선의 가능성이 있다고 판단하는 경우 **단독으로 해당 기업에 대한 관리절차**를 개시할 수 있다(제21조 제1항).111)

8. 기업구조조정 촉진을 위한 특례

가. 출자 및 재산운용제한 등에 대한 특례

채권금융기관이 기촉법에 따른 기업구조조정을 위하여 채권을 **출자전환**하거나 협의회 의결에 따라 **채무조정**을 하는 경우에는 은행법 등의 출자 및 재산운용제한에 관한 규정112)

---

111) 주채권은행 관리절차가 개시되는 경우에는 제11조 제5항, 제12조부터 제15조까지, 제17조부터 제20조까지를 준용한다. 이 경우 '협의회'는 '주채권은행'으로 본다(제21조 제2항).

112) ① 은행법 제37조 및 제38조 제1호 ② 보험업법 제106조·제108조 및 제109조 ③ 「자본시장과 금융투자업에 관한 법률」 제81조제1항 제1호 가목부터 다목까지 및 제344조 ④ 「금융산업의 구조

을 적용하지 아니한다(제33조제1항).

이 규정은 기촉법에 따른 **관리절차가 종료 또는 중단된 후 2년이 경과하는 날**까지 적용되며, 금융위원회의 승인을 받아 **2년의 범위 이내에서 연장**할 수 있다. 이 경우 금융위원회는 대통령령으로 정하는 사항[113]을 고려하여 승인 여부를 결정한다(제33조제3항). 채권금융기관이 채권을 출자전환하는 경우 부실징후기업은 주주총회의 결의만으로[114] 법원의 인가를 받지 아니하고도 주식을 액면미달의 가액으로 발행할 수 있다(제33조제2항).[115]

나. 채권금융기관 등에 대한 면책 특례

채권금융기관 및 그 임직원이 **고의 또는 중대한 과실 없이** 기촉법에 따라 기업구조조정을 위하여 업무를 적극적으로

개선에 관한 법률」 제24조 ⑤ 금융지주회사법 제19조 ⑥ 상호저축은행법 제18조의2 제1항 제1호에 따라 금융위원회가 정하여 고시하는 동일회사 주식의 취득 제한 규정 ⑦ 그 밖에 출자 및 재산운용 제한 등에 관한 법령 중 대통령령으로 정하는 법령의 규정이다. 그리고 시행령에 규정한 내용은 ①「한국산업은행법 시행령」 제33조 및 제34조 ②「한국수출입은행법 시행령」 제17조의7 및 제17조의8 ③「중소기업은행법 시행령」 제30조의3 및 제30조의4 등이다(영 제17조 제1항).

113) 1. 법 제33조 제1항 각 호의 규정에 따른 주식소유한도를 초과하는 주식에 대한 향후 정리 계획 2. 해당 채권금융기관의 경영상태(영 제17조 제2항).

114) 상법 제417조는 적용하지 아니한다.

115) 이 경우 그 주식은 주주총회에서 달리 정하는 경우를 제외하고는 주주총회의 결의일부터 1개월 이내에 발행하여야 한다.

처리한 경우에는 그 결과에 대하여 기촉법, 감사원법 또는 은행법 등 금융 관계 법령에 따른 징계·문책 또는 그 요구를 하지 않는 등 그 책임을 면제한다(제34조 본문).

다만, 그 업무처리에 있어 다음의 어느 하나에 해당하는 경우에는 **그러하지 아니하다**(제34조 단서).

① 기업구조조정의 절차와 관련한 법령을 준수하지 아니한 경우
② 필요한 정보를 충분히 수집·검토하지 아니한 경우
③ 부정한 청탁에 의한 경우
④ 사적인 이해관계가 있는 경우.

9. 시정조치

가. 채권금융기관에 대한 시정조치

금융위원회는 **채권금융기관**이 다음의 어느 하나에 해당하는 행위를 한 때에는 일정한 기간을 정하여 그 시정을 요구할 수 있다(제35조 제1항).

① 거래기업에 대한 신용위험 평가를 하지 아니한 때
② 부실징후기업에 대하여 정당한 사유 없이 통보를 하지 아니한 때
③ 구조조정절차를 진행하지 아니하는 부실징후기업에 대한 필요한 조치를 강구하지 아니한 때

④ 공동관리절차의 개시 여부를 결정하기 위한 제1차 협의회를 소집하지 아니한 때

⑤ 공동관리기업에 대한 약정의 이행을 점검하지 아니하거나 기업개선계획의 진행상황을 공개하지 아니한 때

⑥ 동의서를 제출한 자의 약정의 이행상황 및 계획에 대한 설명 요청에 정당한 사유 없이 응하지 아니한 때

⑦ 공동관리기업과 약정을 체결한 날부터 3년이 경과하는 날까지 공동관리절차가 종료되지 아니한 기업에 대하여 경영평가위원회의 평가를 거치지 아니하거나 평가 결과를 공개하지 아니한 때.

시정요구를 받은 채권금융기관이 정당한 사유 없이 기간 내에 **시정요구를 이행하지 아니하면** 금융위원회는 해당 채권금융기관에 대하여 다음의 사항을 요구하거나 명할 수 있다 (제35조 제2항).

① 채권금융기관 또는 그 임직원에 대한 주의·경고·견책 또는 감봉
② 임원의 직무정지 또는 임원의 직무를 대행하는 관리인의 선임
③ 그 밖에 위 ① 및 ②에 준하는 조치로서 위반사항의 시정을 위하여 필요하다고 인정되는 조치.

나. 과태료

다음의 어느 하나에 해당하는 자에게는 **2천만원 이하**의 과태료를 **금융위원회**가 부과·징수한다(제36조 제1-2항).

① 금융채권자가 금융채권의 행사유예 요구를 이행하지 아니한
   후 원상회복을 하지 아니한 자
② 공동관리기업의 경영인 및 동의서를 제출한 자에게 의견개
   진의 기회를 부여하지 아니한 자
③ 금융채권을 신고하지 아니한 자
④ 채권매수청구권의 내용과 행사방법을 알리지 아니한 자.

제3절 조정위원회 등

1. 금융채권자조정위원회

가. 조정위원회의 업무

부실징후기업의 효율적이고 공정한 기업개선과 금융채권자 간의 이견조정 등을 위하여 **금융채권자조정위원회**를 두며(^{제29조}_{제1항}), 이는 다음의 업무를 수행한다(^{제29조}_{제5항}).

① 금융채권자 간의 자율적 협의에도 불구하고 해소되지 아니하는 이견116)의 조정으로서 대통령령으로 정하는 사항에 대한 조정
② 채권의 매수가액 및 조건에 대한 조정
③ 위약금과 손해배상 예정액에 대한 조정
④ 부실징후기업고충처리위원회의 권고사항에 대한 협조
⑤ 협의회 의결사항의 위반 여부에 대한 판단과 그 이행에 대한 결정

---

116) 협의회가 의결한 후에 조정을 신청한 이견은 제외한다.

⑥ 조정위원회의 운영과 관련한 규정의 제정·개정
⑦ 그 밖에 협의회의 운영과 관련하여 대통령령으로 정하는 사항.

조정위원회는 위 ⑤의 업무를 수행하기 위하여 해당 기업
및 금융채권자에게 출석을 요구하여 의견을 듣거나 필요한
자료의 제출을 요청할 수 있다(제29조 제6항).

조정위원회는 그 권한에 속하는 업무를 **독립적으로 수행**
하여야 하며, 조정위원회 위원이 금융채권자 또는 부실징후
기업과 대통령령으로 정하는 거래관계에 있는 경우 해당 금
융채권자 및 부실징후기업과 관련이 있는 조정위원회의 업무
에서 **배제**된다(제29조 제7항).

나. 조정위원의 자격 요건

조정위원회는 다음의 어느 하나에 해당하는 사람으로서
대통령령으로 정하는 바에 따라 선임되는 **7명의 위원**으로 구
성한다(제29조 제2항).

① 금융기관 또는 금융 관련 분야에서 10년 이상 근무한 경험
  이 있는 사람
② 변호사 또는 공인회계사의 자격을 가진 사람
③ 금융 또는 법률 관련 분야의 석사 이상의 학위소지자로서
  연구기관·대학에서 연구원·조교수 이상의 직에 10년 이
  상 근무한 경험이 있고 기업구조조정에 관한 전문성이 있
  는 사람
④ 기업구조조정 업무에 3년 이상 종사한 경험이 있는 사람.

다. 조정위원의 결격 사유

다음의 어느 하나에 해당하는 사람은 조정위원회 위원이 될 수 없으며, 위원이 된 후에 이에 해당하게 된 때에는 그 직을 **상실한다**(제29조 제3항).

① 미성년자 또는 피성년후견인
② 파산선고를 받은 자로서 복권되지 아니한 자
③ 금고 이상의 실형의 선고를 받고 그 집행이 종료(집행이 종료된 것으로 보는 경우를 포함한다)되거나 집행이 면제된 날부터 5년이 경과하지 아니한 자
④ 기촉법 또는 대통령령으로 정하는 금융 관계 법령에 따라 벌금 이상의 형의 선고를 받고 그 집행이 종료(집행이 종료된 것으로 보는 경우를 포함한다)되거나 집행이 면제된 날부터 5년이 경과하지 아니한 자
⑤ 금고 이상의 형의 집행유예의 선고를 받고 그 유예기간 중에 있는 자
⑥ 기촉법 또는 대통령령으로 정하는 금융 관계 법령에 따라 해임되거나 징계면직된 자로서 해임 또는 징계면직된 날부터 5년이 경과하지 아니한 자
⑦ 정부·금융감독기관에 종사하고 있거나 최근 2년 이내에 종사하였던 자.

라. 조정위원의 임기

조정위원회의 위원장 및 위원의 임기는 **2년**으로 하고, 1회에 한정하여 연임할 수 있으며, 위원장은 위원 중에서 호선

한다(제29조 제4항).

마. 조정위원회의 의결

조정위원회는 **재적위원 3분의 2 이상의 찬성으로** 의결하며, 금융채권자 및 부실징후기업과 관련이 있는 해당 조정위원회 위원은 재적위원 수에서 제외된다(제29조 제8항).

바. 조정신청

금융채권자는 협의회의 심의사항과 관련하여 이의가 있는 경우 조정위원회에 서면으로 조정신청을 할 수 있으며(제31조 제1항), 조정신청을 하는 자는 자율협의를 위한 노력을 다하였음을 소명하여야 한다(제31조 제2항).

사. 조정결정

조정위원회의 조정결정은 **협의회의 의결과 동일한 효력**을 가진다(제32조 제2항). 조정위원회는 조정신청에 대한 조정결정의 내용을 지체 없이 해당 금융채권자 및 협의회에 통지하여야 한다(제32조 제1항).

조정결정에 불복하는 자는 조정결정이 있었던 날부터 **1개월 이내에** 법원에 변경결정을 청구할 수 있다(제32조 제3항).

2. 부실징후기업고충처리위원회

가. 고충처리위원회의 업무

부실징후기업의 고충을 처리하기 위하여 **부실징후기업고충처리위원회**(고충처리위원회)를 두며(제30조 제1항), 이는 다음의 업무를 수행한다(제30조 제4항).

① 부실징후기업의 고충 및 애로사항 수렴
② 제14조 제2항 제4호에 따른 동의서를 제출한 자의 고충 및 애로사항 수렴
③ 금융채권자에 대한 고충처리 방안의 권고 및 이행점검
④ 제도적 지원이 필요한 사항의 경우 관계 기관에 대한 건의
⑤ 고충처리위원회의 운영과 관련한 규정의 제정·개정
⑥ 그 밖에 부실징후기업 고충의 처리와 관련한 사항.

고충처리위원회는 위 ④의 업무를 수행하기 위하여 해당 기업 및 금융채권자에게 출석을 요구하여 의견을 들을 수 있다(제30조 제5항).

나. 고충처리위원회의 구성

고충처리위원회는 위원장 1명을 포함한 **6명의 위원**으로

구성되며, 위원장은 **조정위원회의 위원장**이 겸임하고, 위원은 위 **조정위원이 될 수 있는 자격을 가진 자**(제29조) 중에서 정부 · 금융감독기관 · 금융채권자 및 부실징후기업에 종사하고 있는 사람을 제외하고 대통령령으로 정하는 바에 따라 선임되는 자로 한다(제30조 제2항).

다. 고충처리위원의 임기

고충처리위원회의 위원장 및 위원의 임기는 **2년**으로 하고, 1회에 한정하여 연임할 수 있다(제30조 제3항).

라. 고충처리위원회의 의결

고충처리위원회는 **재적위원 3분의 2 이상의 찬성**으로 의결한다(제30조 제6항). 협의회는 고충처리위원회가 권고하는 처리방안 등이 의결될 수 있도록 노력하여야 한다(제30조 제8항).

제4장 워크아웃의 종료

제1절 공동관리절차의 중단

1. 중단사유

가. 임의적 중단사유

협의회는 다음의 경우 그 의결에 따라 공동관리절차를 중단할 수 있다(제19조).

① 공동관리기업이 제출한 금융채권자의 목록이나 자구계획서에 중요한 사항에 관하여 고의적인 누락이나 허위 기재가 있는 경우
② 공동관리기업이 정당한 사유 없이 외부전문기관의 실사 및 평가에 협조하지 아니하는 경우
③ 공동관리기업이 정당한 사유 없이 약정의 중요한 사항을 이행하지 아니하였거나 약정이 이행되기 어렵다고 판단되는 경우
④ 제15조제2항 본문에 따른 점검 또는 제16조제1항에 따른 평가의 결과 공동관리절차를 지속하는 것이 적절하지 아니하다고 판단되거나 공동관리기업의 부실징후가 해소될 가망이 없다고 판단되는 경우
⑤ 공동관리기업이 중단을 요청하는 경우
⑥ 그 밖에 약정에서 정한 공동관리절차의 중단사유가 발생한 경우.

나. 당연 중단사유

다음의 사유가 발생한 경우에는 그 다음 날부터 공동관리기업에 대한 공동관리절차는 **중단된 것으로 본다.**

① 협의회가 채권행사 유예기간에 기업개선계획을 의결하지 못한 경우($\frac{제13조}{제3항}$).
② 협의회가 기한 이내에 약정을 체결하지 못한 경우($\frac{제14조}{제3항}$)[117]
③ 공동관리절차가 개시된 뒤 해당 기업 또는 금융채권자가 회생절차 또는 파산절차를 신청하여, 회생절차의 개시결정 또는 파산선고가 내려진 경우($\frac{제11조}{제5항}$).

2. 중단의 효과

앞(P.33)에서 본 바와 같이, 이 법은 5년 한시법으로 제정되어 금년 10월 16일까지 효력을 가진다. 이 유효기간 내에 주채권은행이 협의회 소집을 통보한 경우에는, **유효기간이 경과하여도** 공동관리절차나 주채권은행 관리절차가 중단되기까지는 계속 이 법의 적용을 받는다($\frac{부칙 제2조}{제2항}$).

---

117) 이 경우 기업개선계획에 포함된 채무조정 및 신규 신용공여에 관한 사항은 소급적으로 효력을 상실한다.

제2절 공동관리절차의 종료

1. 임의적 종료사유

협의회는 다음의 경우 그 의결에 따라 공동관리절차를 **종료할 수 있다**(제20조).

① 공동관리기업의 부실이 해소되었다고 판단한 경우
② 약정이 계획대로 이행된 경우
③ 공동관리기업이 종료를 요청하는 경우
④ 그 밖에 약정에서 정한 공동관리절차의 종료사유가 발생한 경우.

2. 종료의 효과

앞(P.33)에서 본 바와 같이, 이 법은 5년 한시법으로 제정되어 금년 10월 16일까지 효력을 가진다. 이 유효기간 내에 주채권은행이 협의회 소집을 통보한 경우에는, **유효기간이 경과하여도** 공동관리절차나 주채권은행 관리절차가 종료되기까지는 계속 이 법의 적용을 받는다(부칙 제2조 제2항).

제3절 회생 및 파산절차와의 관계

1. 채무자회생법 우선주의

기촉법은 기업구조조정 등에 관하여 **다른 법률에** 우선하여 적용하지만, **채무자회생법**에는 우선하지 아니한다(제3조).[118]

2. 회생절차 또는 파산절차의 신청

공동관리절차가 개시된 뒤에도 해당 기업 또는 금융채권자는 채무자회생법 따른 **회생절차 또는 파산절차**를 신청할 수 있으며, 이 경우 해당 기업에 대하여 회생절차의 개시결정 또는 파산선고가 있으면 공동관리절차는 **중단**된 것으로 본다(제11조 제5항).

---

118) 앞(P.88~90)에서 본 바와 같이, 서울회생법원에서는 워크아웃을 배려하는 시스템을 운용하고 있다.

제5장 워크아웃의 발전방향

제1절 기업경영향상(Biz Up) 협력법의 제정

1. 기촉법의 한계성

앞(P.28~30)에서 본 바와 같이, 기촉법은 2001년 제정 후 국가신용등급의 격상을 통하여 우리나라가 IMF 관리체제를 벗어나는데 큰 기여를 하였으며, 대우그룹을 비롯하여 국가기간산업의 재건을 위하여 빛나는 업적을 남겼다.

그럼에도 불구하고, 이 법은 처음부터 **한시법으로 제정**된 운명으로 인하여 지금까지 일몰 후 재입법의 형식을 다섯 차례 반복하여 왔으며, 현행법 또한 그 일몰시한을 올해 10월 16일로 앞두고 있다.

그동안 수차 이 법의 일몰시한이 도래하였을 때 재입법의 필요성이 제기되어 왔으며,[119] 금년에도 일몰시한을 앞두고 이 법의 재입법이 쟁점이 되고 있다.

---

119) 박승두, "구 기업구조조정촉진법의 주요 쟁점과 재입법 방안"(2011), 14면; 권영종·백승흠, "금융회사에 의한 기업워크아웃제도"(2011), 120~122면.

2. 2023년 10월 16일 일몰에 대비

기촉법을 재입법하여야 할 필요성은, 우선 이 법이 우리나라 경제위기를 극복하고 기업의 구조조정을 효율적으로 추진하는데 많은 기여를 하였기 때문이다.

즉, 1997년의 금융위기 극복 과정에서 현대건설 등 부실징후 대기업들이 효율적으로 처리되지 못함에 따라, 금융시장의 불안과 신용경색 현상을 유발하였다.

이러한 상황에서 2001년 이 법의 제정에 따라 채권금융기관 공동으로 **부실 대기업들의 구조조정을 신속하고 효율적으로 추진함**으로써 신용경색을 해소하고 금융시장의 안정을 도모하는데 기여하였다. 그리고 앞(P.28~30)에서 본 바와 같이, 기촉법의 제정은 국제신용평가사의 국가신용등급 격상을 통하여 IMF 관리체제를 조기에 극복하는데 큰 기여를 하였다.

그리고 제1차법의 제정당시 법원에서 관장하던 회사정리절차나 화의절차, 그리고 채권자에 의하여 자율적으로 진행하던 다른 구조조정 수단에 비해 월등히 높은 성과를 시현함으로써 대상기업의 조기 회생을 달성하였다. 또한 부실징후기업의 채무조정을 통한 매각 위주의 구조조정뿐만 아니라 사업구조 개편을 동시에 추진함으로써 구조조정 종료 이후에는 경쟁력을 갖춘 새로운 건전기업으로 전환되는 효과를 가져왔다.

나아가 과거 대기업이 부실화될 경우 구조조정 추진 지연, 협력 중소기업 연쇄 부도 발생 등으로 사회적 비용이 크게 발생하였으며,[120] 특히 대기업이 회생절차에 들어가는 경우 상거래채권까지 조정 대상에 포함되기 때문에 협력업체나 하청업체에 상당한 유동성 압박을 초래하였다. 그러나 기촉법의 경우 상거래채무에 대한 정상결제를 허용하고 있을 뿐만 아니라, 필요한 경우 신규자금 지원도 가능하므로 하이닉스와 현대건설 등 대기업들의 구조조정 과정에서 수많은 협력업체와 하청업체의 어려움을 초래하는 사회적 비용을 거의 유발하지 않고 구조조정을 진행할 수 있었다.[121]

이 법의 운용을 통해 채권금융회사 주도의 구조조정 방식의 효율성과 이득을 경험하게 됨으로써 **사적 기업구조조정 관행의 도입·정착**에 기여하였고, 채권금융회사 주도의 사적 기업구조조정 추진에 관한 기본 규범도 상당 부분 확립하였다. 채권금융회사의 무임승차를 제거함으로써 채권금융회사 간 형평성을 확보하고, 구조조정 대상기업의 충분한 자구노력을 요구함으로써 채권자와 채무기업간 손실 균등 분담 원칙을 확립하였다. 부실기업 대주주에 대해 주식소각, 사재출

---

120) 현대건설의 경우 국내 협력사 3,611개사, 공사 연대보증을 한 국내건설사(보증액 1.5조원), 건설중인 아파트 입주 예정자 4만여명 등에게 구조조정의 비용이 발생될 가능성이 제기되었다.

121) 특히, 하이닉스와 현대건설은 기촉법 제정 이전에 구조조정이 제대로 추진되지 못하여 사회·경제적 불안 요인으로 작용해 왔는데, 이 법의 제정 후 구조조정을 성공적으로 마무리함으로써 경제 전반의 회생에도 크게 기여하였다.

연 등 부실경영에 대한 책임을 충분히 추궁하되, 그 책임을 충분히 이행할 경우 경영권 회복 기회를 부여하는 등 구조조정 동참을 위한 인센티브도 부여하였다. 이러한 규범과 관행이 확립되면서 기업구조조정 시장의 합리성과 예측가능성이 높아져 구조조정 활성화를 촉진함과 아울러 기업구조조정에 대한 부정적 평가나 특혜시비 등 논쟁을 상당부분 종식시켰다.[122]

그리고 구조조정 추진 방식별 구조조정기업의 경영성과에 미치는 영향을 분석한 결과, 기촉법에 의한 **구조조정의 경영정상화 속도**가 가장 빠른 것으로 나타났는데, 워크아웃이나 법적절차 추진 기업의 경우 전반적으로 구조조정 개시보다 경영성과가 개선되긴 하나 그 속도가 완만하여 3년 이후에도 재무구조 및 수익성이 다소 취약한 상태를 보였지만, 이 법 추진 기업의 경우 구조조정 개시 이후 3년여 만에 정상기업과 유사한 재무안정성 및 수익성을 시현하여 대조를 보였다. 이러한 구조조정의 효과를 기업가치의 증가와 연계하여 분석해 보더라도 기촉법 적용 기업의 경제적 부가가치[123](Economic Value Added)가 가장 높게 나타났다. 즉, 이 법 적용 기업의 경우 총자산 대비 EVA 비율의 개선 정도가 크고 가장 높았으

---

122) 김병칠, "기업구조조정촉진법의 성과 및 운영방안"(2005), 49~53면.

123) 이는 1980년대 후반 미국에서 도입된 것으로, 투자된 자본을 빼고 실제로 얼마나 이익을 냈는가를 보여주는 경영지표[평균 투하자산 × (투하자산수익률 - 가중평균자본비용)]로 기업의 재무적 가치와 경영자의 업적을 평가할 때 주로 활용한다.

며, 그 다음이 워크아웃기업이었으나 법적 절차 진행기업에 비해 개선률은 크지 않은 것으로 나타났다.[124]

그리고 채권은행이 2009년부터 2016년까지 신용위험평가를 통해 444개사를 구조조정 대상기업(CD)으로 선정하여, 이 중 145개는 워크아웃, 102개는 회생절차, 나머지는 청산·폐업 등의 조치를 취하였다. 그 결과 워크아웃 성공률이 회생절차 성공률을 상회하였는데, 워크아웃의 8년 누적 성공률은 54.4%, 8년 누적실패율은 33.5%, 회생절차의 8년 누적성공률은 45.6%, 8년 누적실패율은 39.6%로 나타났다.[125]

3. 코로나가 가져온 폭발물 제거

가. 코로나19사태 이후 경영환경의 악화

2019년 12월 발생한 코로나19사태, 2022년 1월 16일 러시아의 우크라이나 침공, 미국과 중국의 경제전쟁, 북한의 핵위협 등 우리를 둘러싼 여건이 불안을 더해가는 가운데 식량, 에너지 등 생존에 필수적인 자원의 공급불안도 고조되고 있다.

그리고 코로나19사태의 극복을 위하여 세계각국은 유동성

---

124) 김병칠, "기업구조조정촉진법의 성과 및 운영방안"(2005), 66~67면.

125) 금융감독원, "채권은행의 신용위험평가 및 워크아웃 운영 개선방안"(2018), 46면.

공급을 확대해 왔는데, 이는 물가인상 문제를 낳았고, 이를 해결하기 위하여 금리인상을 추진하였는데, 이는 다시 **전 세계를 경기침체의 우려**로 몰아넣고 있다.

이러한 증상은 곳곳에서 나타나고 있는데, 먼저 미국의 은행들이 2023년 3월 8일 실버게이트(Silvergate Capital Corporation), 3월 10일 실리콘밸리은행(Silicon Valley Bridge Bank, SVB), 3월 12일 시그니처은행(Signature Bank) 등이 연이어 파산하고, 독일의 도이체방크도 위기설에 3월 24일 주가가 폭락하는 사태가 일어났다.126)

---

126) 글로벌 은행위기가 도이체방크 주가 급락까지 확산된 가운데 크리스티나 게오르기에바 국제통화기금(IMF) 총재가 올해 세계 금융 안정성의 위험이 커졌다고 경고했으며 미국 연방준비제도의 닐 카시카리 미니애폴리스 총재 또한 경기침체 리스크 가능성이 높아졌다고 밝혔다. 로이터 등 외신에 따르면 크리스티나 게오르기에바 총재는 26일(현지시간) 중국 베이징에서 열린 중국발전고위급포럼에서 "선진국들의 조치가 시장 긴장을 완화시켰지만 부채수준이 높아지면서 세계 금융안정성의 위험이 커졌다"고 밝혔다. 게오르기에바 총재는 코로나19 대유행, 우크라이나 전쟁, 긴축 정책 등의 여파로 세계 성장률이 3%를 밑도는 힘겨운 한 해가 될 것이라며 세계 경제 전망과 금융 안정성에 대한 영향을 계속 감시하면서 평가하고 있다고 덧붙였다. 같은 날 연준의 카시카리 미니애폴리스 총재 또한 CBS 페이스더네이션과의 인터뷰에서 "(경기침체에) 확실히 더 가까워졌다. 불분명한 것은 은행 스트레스가 얼마나 광범위한 신용 경색으로 이어지고 있는지다"라며 "이는 경제를 둔화시킬 것"이라고 말했다. 하지만 동시에 카시카리 총재는 이러한 은행 위기가 연방공개시장위원회(FOMC)의 금리인상 결정과 경제에 미칠 영향력을 판단하기엔 이르다고 선을 그었다. 유럽중앙은행(ECB)의 루이스 데긴도스 부총재도 비지니스포스트와의 인터뷰를 통해 "(은행 위기가) 경제 성장의 둔화와 인플레이션을 유발할지도 모른다"고 경고했다. 지난 미국 실리콘은행(SVB)발 은행위기가 독일 최대 투자은행인 도이

우리나라에서는 국토교통부 통계에 따르면 올 들어 3월까지 부도처리된 종합·전문 건설사는 3개사이며, 폐업신고를 한 건설사(종합·전문공사업)는 4월 16일까지 1,080개사에 달하여 **'5월 위기론'** 도 제기되고 있다.[127]

이러한 국제적인 정치·경제의 위기속에서 기업의 합리적인 구조조정이 중요한 과제로 부상하고 있으며, 이러한 과제를 효율적으로 처리하기 위해서는 기촉법은 반드시 존속하여야 한다.

나. 고물가·고금리 시대, 한계기업의 폭증

한계기업의 개념은 명확히 정의되지 않고 있으며, 실무적으로도 한계기업에 대한 식별은 이를 활용하는 기관이나, 연구의 목적에 따라 다소 상이한 실정이다. 일반적으로 "영업활동을 통한 이익 창출이 목적인 기업이 경쟁력이 낮아져 외부의 자금 지원 없이 자력으로 기업활동 유지와 성장이 어려운 기업"을 뜻하는데, 이 또한 다소 주관적이며 추상적인 개념으로 향후 구체적인 기준의 정립이 요망된다. 이에 관하여 한국은행은 한계기업을 "이자보상배율이 3년 연속 1 미만이면서 업력이 10년 이상인 기업"으로 정의하고 있다.[128]

체방크 주가 급락까지 이어지면서 글로벌 은행위기가 확산되고 있다. 도이체방크 주가는 24일(현지시간) 하루 새 8.53% 하락했다. [조세일보] 정수민 기자, 보도: 2023.03.27. 06:41 수정: 2023.03.27. 17:32.
127) 파이낸셜뉴스, 입력 2023.04.17 17:57수정 2023.04.17. 17:57 ljb @fnnews.com 이종배 기자.

그리고 영업이익으로 이자비용을 감당하지 못하는 기업, 즉 "당해 연도 이자보상배율(영업이익/이자비용)이 1미만인 기업"을 '일시적 한계기업'이라 하고, "한번 한계기업으로 진입한 후 그 상태가 지속되거나, 다시 한계기업으로 분류 되는 빈도수가 증가하는 기업"을 '만성적 한계기업'이라 한다.

최근 5년간 일시적 한계기업은 지속적 증가추세에 있는데, 2021년 일시적 한계기업은 외감기업 3개 중 1개꼴인 34.1%(6,080/17,827개사)로 이는 코로나의 영향이 컸던 전년의 36.6%에 비해 2.5%p 낮아진 수치이나 2017년과 비교할 경우 6.0%p 증가한 것이다. 전체기업의 24.0%(4,273개사, 일시적 한계기업의 70.3%)는 영업이익 자체가 (-)였던 것으로 나타났다. 산업별로는 숙박 및 음식점업이 76.4%, 규모별로는 중소기업 3개 중 1개(35.5%), 대기업 4개 중 1개(27.6%)가 일시적 한계기업이었다. 숙박 및 음식점업 일시적 한계기업은 2020년에는 86.3%에 달했던 것에 비해 2021년 소폭 하락했다. 우리 기업의 중추를 담당하는 제조업 일시적 한계기업 비중은 2021년 기준 전산업 평균보다 낮은 30.8%였다.[129]

특히, 인플레이션 지속과 급격한 금리 상승이라는 외부충격이 강하게 발생하면서 **한계기업이 단기간에 급격하게 증가**할 수도 있다. 최근 인플레이션 압력이 장기화되면서 기업의

---

128) 박용민·임계원, "기업 재무상태 전환의 주요 특징: 한계기업의 회생을 중심으로"(2021), 한국은행 홈페이지.

129) 전경련, "한계기업 현황과 금리변동의 영향"(2022), 전경련 홈페이지.

생산원가 부담이 높아지며 수익성이 악화될 경우 한계기업을 중심으로 어려움이 가중될 우려가 있다. 이에 따라 차입이자율 대비 기업의 낮은 수익성이 지속될 경우 대출금리 상승 압력이 높아지면서 채무불이행 위험도 높아질 우려가 있다.[130] 인플레이션(4.7%) 가정 시 원자재 가격상승 등으로 중소기업 영업이익률은 전년 대비 50% 이상 급감할 것으로 추정되고, 소비자물가 1% 상승 시 기업별 영업이익률은 0.59% 하락하고 2022년 소비자물가 상승 폭 3.1%p 가정 시 영업이익률은 1.8% 감소하는 것으로 예상되었다.[131] 그리고 금리 3%p 상승시 외감기업 절반이 일시적 한계기업으로 전락할 수 있으며, 산업별로는 숙박음식업 대다수(84.3%)가 일시적 한계기업이 되고, 대기업도 35.4%가 한계기업이 되는 것으로 나타났다.[132]

다. 신속하고 효율적인 구조조정의 필요

코로나19사태 이후 위기에 처한 기업의 부도를 막기 위하여 금융기관 신용공여의 만기를 수차 연장해 오고 있는 바,[133] 이에 대한 대비가 미흡한 가운데 만약 일시에 이 문

---

130) 박찬우, "한계기업 현황과 시사점"(2022), KDB미래전략연구소 홈페이지.

131) 임병권, "인플레이션에 따른 중소기업 수익성 영향 분석"(2022), IBK경제연구소 홈페이지.

132) 전경련, "한계기업 현황과 금리변동의 영향"(2022), 전경련 홈페이지.

제가 제기될 경우 **국민경제를 위협하는 폭발물**이 될 수 있다.[134)]

 이러한 사태의 심각성을 판단한 정부는 금융규제 유연화 조치를 오는 6월말까지 연장하기로 했다.[135)] 그리고 은행권은 개인채무자에 대한 '프리워크아웃(pre-workout)' 프로그

---

133) 금융위원회는 2022.10.4.일부터 코로나 피해 자영업자와 중소기업의 충분한 회복기간을 제공하기 위해 전 금융권 만기연장·상환유예 조치를 추가 지원하고, 최대 3년 간의 만기 연장, 최대 1년 간의 상환 유예를 지원하며, 새출발기금, 맞춤형 정책자금 공급을 실시하고, 2023.3.13일부터 글로벌 금리인상 등 어려운 경제여건이 지속되는 상황에서 많은 자영업자·소상공인들의 금리부담을 경감하고자, 「저금리 대환 프로그램」을 확대 시행한다고 밝혔다; 금융위원회 알림마당 https://www.fsc.go.kr/no010101/79561.

134) 2020년 4월 첫 조치가 시작된 뒤 네 번째 연장하였고, 2023년 1월 말까지 금융권이 지원한 금액은 잔액 기준으로 113조 4000억원(70만4000건)이다. 만기연장 116조 6000억, 원금 상환유예 11조 7000억, 이자 상환유예 5조원 등이다. 중앙일보 입력 2022.03.23. 17:25 업데이트 2022.03.23. 17:31 안호성 기자 hyoza @joongang.co.kr.

135) 금융당국이 최근 금융시장 상황과 부동산PF(프로젝트 파이낸싱) 시장 상황을 점검하고 현재 3월~4월말이 기한인 금융규제 유연화 조치를 오는 6월말까지 연장하기로 했다. 은행·보험·저축은행·여전사·금융투자 등의 금융규제 유연화 조치가 지난해 10월부터 시행되고 있으며 아직까지 대내외 금융시장의 불확실성이 잔존하고 있는 상황임을 감안해 기한을 연장하기로 했다. 오는 6월말까지 연장된 조치는 은행과 저축은행에 대한 예대율 한시적 완화와 보험사에 대한 퇴직연금(특별계정) 차입한도 한시적 완화, 여전사에 대한 원화 유동성비율 규제 10%p 한시적 완화, 여신성 자산 대비 PF익스포저 비율 10%p 한시적 완화, 금융투자에 대한 ELS 자체 헤지시 여전채 편입 비중 축소 완화 등이다; 한국금융신문 김경찬 기자 kkch @fntimes.com, 기사입력: 2023-03-27 11:13.

램을 도입하여 단기 연체자의 채무를 조정해 나갈 계획이다.[136)

4. 상시화 필요성

가. 기촉법 폐지론 또는 위헌론

제1차법의 제정시부터 이 법의 위헌성을 제기한 주장에 관하여 살펴보고자 한다.

첫째, **금융기관의 자율경영을 침해**하고 관치금융을 실현한다. 기촉법상 금융기관에게 거래기업을 평가하고 그 결과에 따라 필요한 조치를 취하게 하는 것은 금융기관의 자율경영을 침해하고, 채권금융기관조정위원회(현재 금융채권자조정위원회)를 통하여 관치금융을 하게 된다.

둘째, 협의회의 의결로 채권금융기관의 채권을 변경하거나 신규 신용공여를 제공하도록 하는 것은 헌법상 **재산권 제한의 공익성 요건**을 충족할 수 없으며, 정당한 보상의 지급도 확보되지 못하고 있다.[137)

---

136) 2023년 4월부터 은행연합회와 우리·하나·외환은행 등 16개 은행은 프리워크아웃 도입을 위한 가이드라인을 최근 확정하고 은행별로 세부적인 프로그램을 만드는 작업에 착수했다. 조선비즈 전재호 기자 입력 2012.08.15.10:21.https://biz.chosun.com/site/data/html_dir/ 2012/08 /15/2012081500611.html.

137) 오수근, "기업구조조정촉진법 비판"(2001), 292~304면.

나. 기촉법 폐지론 또는 위헌론의 부당성

이상의 주장은 다음의 이유로 타당하지 않다고 생각한다. 첫째, '금융의 자율성과 관치금융'을 오해하고 있다. 기촉법상 정부는 금융기관의 경영에 참여나 간섭을 하지 않고 있으며, 전적으로 **금융채권자협의회에서 자율적으로 판단**하고 있다. 오히려 기촉법의 제정 이전에 채권금융기관협약에 의하여 워크아웃제도를 운용하던 시기가 오히려 정부의 지도가 행해질 가능성이 많았으며, 기촉법이란 원칙에 의하여 공개적이고 합리적으로 운용하는 시스템하에서는 관치금융의 여지가 사라지게 되었다. 그리고 금융채권자조정위원회의 조정은 사법심사의 대상이 되므로[138] 부당한 간섭이나 지시가 있을 수 없다.

둘째, 헌법상 재산권 제한의 '공익성 요건'을 오해하고 있다. 우선, 기촉법은 부실징후기업의 기업개선이 신속하고 원활하게 추진될 수 있도록 필요한 사항을 규정함으로써 상시적 기업구조조정을 촉진하고 **금융시장의 안정과 국민경제의 발전**에 이바지하는 것을 목적으로 한다(제1조). 협의회의 의결로 행하는 채무조정과 신규 신용공여에 대하여는 반대의사를 표명할 수 있고 이에 대하여는 매수청구권도 보장하고 있

---

138) 제32조(조정결정) ① ~ ② (생략) ③ 조정결정에 불복하는 자는 조정결정이 있었던 날부터 1개월 이내에 법원에 변경결정을 청구할 수 있다.

으며, 부실징후기업으로 판정된 상황에서는 청산가치의 보상이 가장 합리적이라 할 수 있다. 우리는 1997년 IMF 구제금융이라는 아픈 경험을 하였으며, 앞(P.28~30)에서 본 바와 같이 이를 극복하는 과정에서 기촉법이 가장 중요한 역할을 하였다. 이제 기촉법은 구조조정의 근간으로 자리를 잡았으며, 그리고 기촉법은 모든 금융채권자를 아우를 수 있는 가장 강력한 구조조정 수단이므로, 이를 기초로 하지 않으면 구조조정 자체가 불가능하며, 기촉법이 존재하지 않으면 국내 구조조정 제도에는 큰 혼란이 발생할 가능성이 크다.

구체적으로 보면, 국내 대표적인 구조조정 제도는 모두 기촉법의 영향하에 있으며, 각 제도에서 정하지 아니한 사항은 종국적으로 기촉법을 따르도록 명시하고 있다. 먼저, 채권은행협약은 공동관리와 관련하여 이 협약에서 정하지 아니한 사항은 기촉법 또는 기업 구조조정 관행을 준용하고(제43조 제2항), 신속금융지원 모범규준도 이 모범규준에서 정하지 않은 제반 운영 및 절차는 '채권은행협의회 운영협약' 관련 조항을 준용하도록 하고 있다(제23조). 먼저, 채권은행협약에는 1금융권 은행 + 신·기보 + 무보, 중진공, 캠코 등이 참여하고, 신속금융지원에는 1금융권 은행 + 신·기보 등이다.

그리고 부실징후기업의 경영정상화 노력을 지원하는 중요한 역할을 담당하고 있는 한국자산관리공사의 업무 중 "채무자회생법에 따라 법원에 회생절차개시를 신청한 기업 등에 대한 자금의 대여 및 지급보증을 위한 특수목적법인에 대한 출자"에 있어서 그 자금대여·지급보증의 대상·방식, 지급보증의 범위는 대통령령에 위임하고 있다.[139] 그런데 그 시행령에는 기촉법상의 부실징후기업, 공동관리절차 또는 주채권은행 관리절차 진행 기업, 공동관리절차 또는 주채권은행 관리절차가 종료된 기업을 포함하고 있다.[140] 이처럼 기촉법은 대규모 부실에 대응할 수 있는 최적의 구조조정 제도이며, 제정 후 지금까지 그 효과를 입증하여 왔고, 앞으로도 대규모 부실에 대응하는 최적의 구조조정 제도로 남을 것이다. 따라서 기촉법을 통한 **금융시장의 안정과 국민경제의 발전**이 절실히 요망되고 있다.

이에 대하여 안병구 변호사는 다음과 같은 이유로 위헌논리에 대하여 반박하고 있다.[141]

---

139)「한국자산관리공사 설립 등에 관한 법률」제1조 및 제26조 제1항 제2호 다목.

140) 제18조의4(특수목적법인을 통한 자금대여·지급보증의 대상·방식·범위) 법 제26조 제1항 제2호 다목에 따른 특수목적법인을 통한 자금대여 및 지급보증의 대상·방식·범위는 다음 각 호와 같다. 1. 자금대여 및 지급보증의 대상: 다음 각 목의 기업 가~나. (생략) 다.「기업구조조정 촉진법」제2조 제7호에 따른 부실징후기업 라. 다음의 어느 하나에 해당하는 기업 중 공사가 경영정상화를 위하여 자금대여 또는 지급보증이 필요하다고 인정하는 기업 1)「기업구조조정 촉진법」제8조에 따른 공동관리절차(이하 이 목에서 '공동관리절차'라 한다) 또는 같은 법 제21조에 따른 주채권은행 관리절차(이하 이 목에서 '주채권은행관리절차'라 한다)가 개시되어 그 절차가 진행 중인 기업 2)「기업구조조정 촉진법」제20조(같은 법 제21조 제2항에서 준용하는 경우를 포함한다)에 따라 공동관리절차 또는 주채권은행관리절차가 종료된 기업.

141) 안병구, "구 기업구조조정촉진법의 주요 쟁점과 재입법방안 지

① 사적자치의 원칙, 사유재산권 보호, 시장경제질서, 평등권, 소급금지에 반한다는 이유로 헌법재판소에 위헌심판을 받은 법률규정은 수 없이 많다. 기촉법과 비교되는 구 회사정리법의 규정만 하더라도 몇 차례 **위헌 판단**을 받았다.

② 기촉법은 헌법이 보장하고 있는 사적자치나 사유재산권, 시장경제질서의 본질적인 부분을 침해한다고는 보지 않는다. 사법부에 의한 통제가 이루어지고 있지만 채무자회생법이 규정하고 있는 포괄적 금지명령(제45조) 등과 비교하면 기촉법 제한규정은 **금융기관의 자율성**을 상당히 보장하면서 기업회생 목적 달성을 위한 최소한의 규제라고 본다. 예를 들어서 도시및주거환경정비법을 보면 전체 정비대상 지역 소유자 4분의 3(세부적 요건은 다르지만 전체 4분의 3은 필수)에 해당하는 사람이 동의하면 나머지 소유자 의사와 관계없이 사업시행이 가능하다(제16조). 동법에 의한 사업시행에도 반대하는 소유자에 대한 충분한 보상 규정을 두고 있기는 하지만 각자의 사정이 전부 다른 수천가구의 주민이 사유재산권, 거주이전의 자유, 사적자치, 시장경제질서에 반하는 불이익을 받아야 한다. 채권의 회수라는 공동목표를 가진 금융기관들에 대한 기촉법의 제한과는 비교도 안 될 정도이다. 그러나 도시환경개선, 주거생활의 질을 높인다는 공익적 필요에 의하여 합헌으로 보고 있는 것이다.

③ 경영활동을 지나치게 침해한다는 주장도, 기촉법이 기업구조조정을 통한 회생이라는 목적 달성을 위한 **최소한의 제한**이라는 측면에서 정당하다고 본다. 정확한 비교 대상은 아니지만 부실금융기관의 구조조정 등을 목적으로 하는 「금융산업의 구조개선에 관한 법률」 제10조의 경우 부실금융기관에 대하여 금융감독위원회가 적기시정조치를 할 수 있는데 그 내용에 '임원

정토론문"(2011), 32~33면.

의 직무정지 또는 대행자 선임'도 포함되어 있다. 기업이냐 금융기관이냐의 차이는 있지만 구조조정이라는 같은 목적 달성을 위해 위 규정은 경영활동에 대한 더 강력한 제재 규정이다(동법 관련 규정도 위헌심판 청구되었다가 법률의 구체적 해석 적용 문제라는 이유로 각하됨).

④ 사법심사제도의 불비 주장에 대해서는, 협의회의 결정이 어떤 금융채권자(특히 소액 금융채권자)에게 특별한 불이익을 주거나 공정성을 현격히 상실하였다면 **당연히 사법심사 대상**(결의무효 청구, 무효로 인한 효력부인)이 될 수 있다고 본다. 위 도시정비법에도 사법심사 규정은 없지만, 법원은 주민총회 의결 내용이 형평성에 현저히 반하면 무효라고 보고 있다(대법원 2006다53245판결 등).

⑤ 위헌론자처럼 평등권이나 사적자치를 강조하여 기촉법이 **모든 채권자들의 합의**로 채권조정 등을 의결해야 한다면 부실기업의 효율적 구조조정이라는 기촉법의 존재이유가 없다. 금융채권자들이 해외채권자나 유예요청을 받아들이지 않는 채권자와 비교하여 다소 불이익을 입는다고 하더라도 금융채권자들로서는 파산을 통한 청산 보다는 구조조정을 통한 기업회생이 더 큰 이익이 된다고 판단하기 때문에 채권조정 등의 행위를 하는 것이므로 평등권의 본질적인 내용을 침해하는 것이라고는 보이지 않는다.

⑥ **소급입법**이라는 주장은, 적어도 금융채권자의 4분의 3 동의를 요하므로 시행일 이전 신용공여에 대해서도 수용을 전제로 한다는 점, 입법목적 달성을 위하여 법 시행 이후 신용공여에만 적용한다면 아무런 의미 없다는 점에서 위헌 요소는 없다고 본다.

다. 상시화 필요성

앞(P.33)에서 본 바와 같이, 이 법은 2001년 제정 후 다섯 차례나 일몰 후 재입법의 형식을 취해 왔는데, 앞으로도 이러한 패턴을 유지할 것인가 아니면 새로운 형식 즉 아예 상시법으로 제정할 것인가 하는 것이 문제된다. 이에 관하여는 후자가 타당하다고 생각한다.

그동안 기촉법의 일몰과 이를 재입법하는 공백기에는 구조조정의 추진에 큰 문제가 발생하여 왔는데, 이는 이 법의 **상설화 필요성**을 입증하고 있다.

구체적으로 보면, 1차법이 실효된 2006년 2월 현대LCD에 대하여 5개 은행이 자율협약에 참여하여 455억원의 채권행사를 유예하였으나, 2개 저축은행이 이에 동참하지 않고 120억원의 채권을 회수함으로써 실패하였다.[142]

그리고 기촉법의 위헌성 논란에 대하여도, 그동안 수차 재입법에 의해 현재까지 유지되어 온 것은 대내외적인 요인에 의한 금융위기를 극복하기 위해 기촉법이라고 하는 긴급입법이 현실적으로 필요했고, 실제로 그 성과도 컸다는 점에 기인한 것이라고 할 수 있으며, 기촉법의 합헌성[143] 여부에 관한 판단은 기본적으로 기촉법에 의해 보호하고자 하는 공익

---

142) 금융감독원, 『글로벌 금융위기 이후 기업구조조정』(2010), 193면.
143) 헌법상 평등의 원칙, 기본권 제한에 관하여 적용되는 과잉금지의 원칙, 부진정소급입법의 경우 적용되는 신뢰보호의 원칙 등의 준수.

과 침해되는 사익과의 비교 형량 및 차별적 취급의 합리성 여하에 관한 판단에 의하여야 할 것인데, 한시적으로 위와 같은 중대한 공익의 보호를 목적으로 제정되었고, 미흡한 점이 있기는 하나 반대 채권자의 보호 장치를 두고 있는 기촉법이 헌법 위반으로 인정될 가능성은 낮았다고 보며, 상시법이 헌법에 합치되기 위해서는 현행 기촉법보다 훨씬 높은 수준의 채권자 보호와 절차의 공정성을 갖추기 위한 개선이 필요하다는 견해144) 도 있다.

이러한 실패의 경험을 다시 겪지 않도록 **구조조정의 다양한 기회는 항시 제공**되어야 한다. 특히, 채무조정은 당사자의 자율적인 계약에서 법률에 의하여 강제적으로 진행하는 방법에 이르기까지 그 종류가 다양하므로, 최적의 방법을 선택하는 것이 쉽지 않다.

따라서 현재 진행 중인 **경제위기의 슬기로운 극복**을 위하

---

144) ① 상시법에 의한 공동관리절차가 잘 정비되지 아니할 경우에는, 곧바로 법원 회생절차에 들어가는 경우에 비하여 오히려 기업가치가 더 훼손될 가능성이 있다는 점 ② 국내 금융기관(외국 금융기관의 국내지점 포함)만을 대상으로 하는 현행법과 달리 기촉법의 상시화에 따라 외국 채권자, 사채권자, 비금융기관 채권자 등 이질적인 채권자들이 대상 채권자에 포함될 경우, 절차나 내용에 있어서 공정·형평성에 미비점이 있거나 법적 불확실성이 있으면, 절차 지연 및 분쟁 발생의 가능성이 훨씬 높아질 수 있다는 점 ③ 국제 간 거래에 있어서 거래 조건의 결정이나 거래의 성사 여부와 관련하여, 이러한 법제의 미비점이나 법적 불확실성이 신용공여(예컨대, 해외 사채발행, 해외 차입 등)를 받고자 하는 국내 기업에게 불리하게 작용할 수 있다는 점 등을 고려하여야 한다; 한 민, "기업구조조정 촉진법 상시화 법률안에 대한 비판적 검토"(2015), 98~99면.

여는 다양한 방법이 확보되어야 하고, 지금까지 많은 업적을 남긴 기촉법을 소멸시키는 것은 바람직하지 않다. 만약 심각한 경제위기에 효율적으로 대처하지 못하면 개별 기업의 차원을 떠나서 국가적으로 큰 피해가 예상되기 때문이다.

그리고 기촉법은 강제적인 적용이 아니라 거래기업이 자율적으로 선택하여 구조조정을 할 수 있는 방법을 제공하는 것이므로, 이 법의 존재 자체가 기업에 대하여 특별한 부담을 지우지 않는다.

5. 기업경영향상(Biz Up) 협력법의 제정

앞(P.26~27)에서 본 바와 같이, 기촉법은 1997년 우리나라가 IMF로부터 긴급유동성 지원을 받은 후 국민경제의 재건을 위하여 막대한 공적자금을 투입하였고, 이를 효율적으로 회수하기 위한 방안의 하나로 검토된 것이다. 그리고 그 결과는 성공적이었다.

그러나 이제는 그 수준을 벗어나야 할 때가 되었다. 당시는 IMF라는 거대한 경제위기가 발생한 후 이를 극복하여야 할 시기였는데, 이제는 더욱 강력한 태풍이 우리에게 휘몰아칠 수 있는 위기에 직면해 있다. 따라서 입법체계를 한 차원 높여서 설계하여야 할 때가 되었다.

먼저, 법률의 명칭을 「기업경영향상(Biz Up) 협력법」으로 한 단계 발전시키는 게 좋을 것 같다. 그 이유는 첫째, '워크아웃'이라는 용어가 영미국가에서 처음 사용한 후 우리나라에 도입한 것으로 적절하지 않다고 본다. 법원에 회생절차를 신청한 것과 마찬가지로 은행에서 워크아웃을 진행하는 것 자체가 해당 기업에 대하여 부실기업이라는 **낙인효과**가 발생하여 신청을 주저하게 된다. 따라서 '기업경영향상(Biz Up)'이라는 긍정적인 방향으로 개선할 필요가 있다.

그리고 과거에는 사안의 시급성에도 불구하고 기업이 자율적으로 구조조정을 하지 않는 상황에서 이를 독려하는 성격이 강했는데, 이제는 기업이 구조조정을 자율적이고 적극적으로 하지 않으면 태풍 속으로 소멸할 수도 있는 위급한 상황이라 이를 독려하기 보다는 **은행과 기업이 상호 협력**하는 방향으로 전환할 필요가 있다.

둘째, 채무자회생법상 회생절차와의 단절보다는 효율적이고 **체계적으로 전환**할 필요가 있다. 그동안 서울회생법원에서도 회생절차를 신청한 기업에 대하여 자율구조조정의 기회를 제공하는 노력을 해오고 있다. 따라서 기촉법상의 절차에 있는 기업에 대하여는 법원이 회생지원을 하고, 법원의 회생절차에 있는 기업에 대하여는 채권금융기관이 구조조정을 지원하여 서로 조화를 이루도록 하는 것이 요망된다.

제2절 워크아웃의 활성화 방안

1. 절차신청 및 적용범위 확대 방안

가. 현행법상 문제점

(1) 기촉법 적용대상 여부에 따른 불공평

앞(P.26)에서 본 바와 같이, 기촉법의 적용대상도 아니며 채권은행협약에도 참여하지 아니하는 금융기관들은 참여 금융기관의 손실부담에 **무임승차**할 수 있어 불공평성을 초래할 수 있다.[145]

특히 외국채권자에 대한 적용 배제가 문제되어 왔는데, 제5차법에서 모든 금융채권자로 확대함으로써 외국금융채권자

---

145) 한 민, "기업구조조정 촉진법 상시화 법률안에 대한 비판적 검토"(2015), 97면.

에게도 적용이 확대되었다. 그럼에도 불구하고 기촉법이 모든 채권자를 다 포함하지 않고 있으므로 채권자간의 불공평 문제는 계속 남아 있다고 보아야 한다.

(2) 금융채권의 개념 불명확

기촉법은 '금융채권을 보유한 자'를 모두 금융채권자로 보므로(제2조 제2호), 군이 확약서를 징구할 필요가 없게 되었고,[146] 공동관리절차에서 출자전환된 주식도 금융채권으로 보므로 (제27조 제1항) 이를 매수한 자도 당연히 기촉법의 적용을 받는다.[147]

그러나 기촉법에서 금융채권을 "기업 또는 타인에 대한 신용공여로 해당 기업에 대하여 행사할 수 있는 채권"(제2조 제1호)으로 포괄적으로 규정하고 있으며, 신용공여에 관하여도 규정하고 있지만,[148] **운용상 그 범위가 불명확**하여 혼란을 초

---

146) 제1차법은 금융기관이 아닌 일반채권자도 협의회에 이 법의 규정을 따른다는 확약서를 제출하면 이 법의 적용상 채권금융기관에 해당하였다(제24조 제5항). 기촉법은 적용범위를 확대하여 구워크아웃제도에 비하여 더욱 실효성을 강화하였다; 박승두, "기업구조조정촉진법의 내용과 은행의 대응방안"(2001), 61면.

147) 제1차법에서는 이러한 규정이 없었으므로, 출자전환으로 취득한 주식을 제3자에게 매각하고자 할 경우에는 매수자로부터 동법을 따른다는 확약서를 제출토록 의무화하여(제24조) 구조조정이 종료될 때까지 모든 채권단이 공동으로 손실을 분담하도록 하였다. 이에 대하여는 출자전환주식 매각이 사실상 어렵게 되어 오히려 출자전환을 기피할 소지도 있으며, 구조조정 종료 이후에도 경영권프리미엄을 위한 지분(50%+1주)을 초과하는 출자전환주식의 경우 매각에 어려움 발생하였다. 따라서 50%+1주의 주식을 초과하는 출자전환주식에 대해서는 채권단 공동으로 매각결의를 거쳐 확약서 제출없이 매각할 수 있도록 완화할 필요성이 제기되었다.

래하고 있다.

앞(P.77~79)에서 본 바와 같이, 신용공여의 개념에 관하여 쟁점이 된 ① 책임준공의무 위반에 따른 손해배상채권[149] ② 금융기관과의 파생계약[150] ③ 채권금융기관이 신탁계정을 통하여 취득한 어음 및 회사채[151] 등은 모두 해당하는 것으로 해석하였다.

(3) 워크아웃 신청주체의 폐쇄성

현재 워크아웃 신청을 주저하는 이유로는 기업 입장에서는 채무조정의 미흡, 대표자의 자구의무 부담, 신규자금 지원 부족, 자산부채실사비용 등 비용 부담, 경영진의 제도 이해도 부족 등을 들 수 있고, 주채권은행 입장에서도 반대매수청구권의 부담으로 기업에게 적극 권유하지 않는 실정이다. 더구나 워크아웃 **신청주체가 '기업' 으로 한정**되어 있어서 경제위기시에 대응하지 못하는 상황이 발생할 수도 있다.

---

148) 제2조 8. '신용공여'란 다음 각 목의 어느 하나에 해당하는 것으로서 금융위원회가 정하는 범위의 것을 말한다. 가. 대출 나. 어음 및 채권 매입 다. 시설대여 라. 지급보증 마. 지급보증에 따른 대지급금의 지급 바. 기업의 지급불능 시 거래상대방에 손실을 초래할 수 있는 직접적·간접적 금융거래 사. 가목부터 바목까지의 규정에 해당하는 거래는 아니나 실질적으로 그에 해당하는 결과를 가져올 수 있는 거래.

149) 대법원 2015. 10. 29. 선고 2014다75349 판결.

150) 서울고등법원 2016. 2. 4. 선고 2014나2033138 판결.

151) 서울지방법원 2003. 10. 9. 선고 2003가합25022 판결.

(4) 부실징후기업에 대한 관리 미흡

주채권은행은 부실징후기업으로 통보받은 기업이 정당한 사유 없이 6개월의 범위에서 대통령령으로 정하는 기간에 기촉법에 따른 관리절차나 채무자회생법에 따른 회생절차를 신청하지 아니하는 경우 부실징후기업의 신용위험으로 인하여 금융시장의 안정이 훼손되지 아니하도록 해당 기업의 신용위험 및 채무상환능력의 변화 등을 지속적으로 점검하여 필요한 조치를 강구하여야 한다(제7조).

그런데 채권금융기관이 필요한 조치를 강구하지 아니한 때 금융위원회는 일정한 기간을 정하여 그 시정을 요구할 수 있을 뿐(제35조제1항), 그 **제재가 미흡**하다.

나. 개선 방안

(1) 기촉법 적용대상의 확대

기촉법 적용대상 채무자의 범위를 넓히는 경우 무임승차 문제를 해소할 수 있고, 대규모 채무자와 소규모 채무자 간에 절차 이용에 있어서 형평을 기할 수 있게 된다. 그리고 중소기업에 대하여 신속한 채무조정의 기회를 제공하게 되므로 **회생제도의 다변화 효과**를 가져올 수 있다.[152]

---

152) 한 민, "기업구조조정 촉진법 상시화 법률안에 대한 비판적 검토"(2015), 97면.

이러한 취지에서 제5차법에서 **채무자**의 적용범위에서 신용공여액 기준(500억원 이상)을 삭제하고, **채권자**의 적용범위도 모든 금융채권자로 확대하였다.

그러나 앞으로도 특수관계인이나 거액의 채권자 등 워크아웃절차를 효율적으로 진행하기 위하여 필요한 경우, **해당 채권자의 신청**에 의하여 기촉법의 적용을 받을 수 있도록 한다.

(2) 금융채권의 개념 확대

앞(P.77~79)에서 본 바와 같이, 기촉법상 금융채권의 개념에 관하여 ① 책임준공의무 위반에 따른 손해배상채권 ② 금융기관과 기업 사이의 파생계약 ③ 채권금융기관이 신탁계정을 통하여 취득한 어음 및 회사채 등이 쟁점이 되어 왔는데, **금융채권의 개념을 명확히 규정**하여 운용상 혼란을 예방한다.

기촉법 적용대상 채권의 범위를 정하는 방법으로는, '채권'이라고 하는 객체의 속성을 기준으로 정하는 방법과 현행법과 같이 '채권자'라고 하는 주체를 기준으로 정하는 방법을 고려할 수 있다.

이에 관하여 **채권자는 그 속성**에 따라 ① 국내에서 인가·허가·승인·등록·신고 등에 의하여 금융업을 영위하는 채권자 ② 외국에서 위 ①에 상당하는 금융업을 영위하는 채권자 ③ 자산유동화회사 등 구조화금융에서의 국내외 특수목적회사 ④ 국내 및 외국의 사채권자 ⑤ 위 ① 또는 ②의 금융업자는 아니나, 국내 또는 외국에서 금융업자가 영위하는 금융업과 동일 또는 유사한 영업을 하는 자 ⑥ 비금융업자로서 영업에 속하지 아니하는 신용공여를 한 국내 및 외국의 채권자 ⑦ 국내 및 외국의 상거래채권자 등으로 분류해 볼 수 있다. 법적 불확실성을 줄이기 위해서는 위와 같이 '금융업'이라는 영업행위를 기준으로 채권자를 분류한 다음에, 채권의 속성 등을 고려하여 어느 선까지 대상 채권에 포함시킬 것인지를 정책적으로 판단하여 정하는 것이 필요하다는 견해153)가 있다.

우선, 현행법과 같이 '채권자'를 기준으로 금융기관과의 거래를 모두 포함시키고, **'채권'의 속성을 고려하여 확대**하는 방법이 바람직하다고 생각한다. 여기에 해당하는 것으로는 「금융소비자 보호에 관한 법률」에서 규정한 다음의 '금융상품'(제2조)으로 인하여 금융기관이 가지는 채권 모두를 포함한다.

즉, ① 은행법에 따른 예금 및 대출 ② 「자본시장과 금융투자업에 관한 법률」에 따른 금융투자상품 ③ 보험업법에 따른 보험상품 ④ 상호저축은행법에 따른 예금 및 대출 ⑤ 여신전문금융업법에 따른 신용카드, 시설대여, 연불판매, 할부금융 ⑥ 그 밖에 가목부터 마목까지의 상품과 유사한 것으로서 대통령령으로 정하는 것 등이다. 그리고 시행령에서 규정한 내용은 다음과 같다(제2조제1항).

①「대부업 등의 등록 및 금융이용자 보호에 관한 법률」

---

153) 한 민, "기업구조조정 촉진법 상시화 법률안에 대한 비판적 검토"(2015), 108~110면.

$\binom{\text{제2조}}{\text{제1호}}$에 따른 대부

② 신용협동조합법에 따른 예탁금, 대출 및 공제

③ 「온라인투자연계금융업 및 이용자 보호에 관한 법률」$\binom{\text{제2조}}{\text{제1호}}$에 따른 연계투자 및 연계대출

④ 「자본시장과 금융투자업에 관한 법률」$\binom{\text{제9조}}{\text{제4항}}$에 따른 신탁계약 및 투자일임계약

⑤ 중소기업은행법에 따른 예금 및 대출

⑥ 한국산업은행법에 따른 예금 및 대출

⑦ 그 밖에 위 ①부터 ⑥까지의 금융상품에 준하는 금융상품으로서 금융위원회가 정하여 고시하는 것.

그리고 금융위원회가 고시한 것은 「금융소비자 보호에 관한 감독규정」에서 다음과 같이 규정하고 있다$\binom{\text{제2조}}{\text{제1항}}$.

① 다음의 자가 계약에 따라 금융소비자로부터 금전을 받고 장래에 그 금전과 그에 따른 이자 등의 대가를 지급하기로 하는 계약154)

㉮ 「금융산업의 구조개선에 관한 법률」에 따라 「자본시장과 금융투자업에 관한 법률」에 따른 종합금융회사와 합병한 기관

㉯ 농업협동조합법에 따른 농협은행

㉰ 상호저축은행법에 따른 상호저축은행

㉱ 수산업협동조합법에 따른 수협은행

㉲ 신용협동조합법에 따른 조합

㉳ 은행법에 따라 인가를 받은 은행

㉴ 「자본시장과 금융투자업에 관한 법률」에 따른 금융투자

---

154) 주택법에 따른 입주자저축은 제외한다.

업자 및 증권금융회사

㉓ 「자본시장과 금융투자업에 관한 법률」에 따른 종합금융
회사

㉔ 중소기업은행법에 따른 중소기업은행

㉕ 한국산업은행법에 따른 한국산업은행

② 다음의 자가 금융소비자에 어음 할인·매출채권 매입(각각
금융소비자에 금전의 상환을 청구할 수 있는 계약으로 한
정한다)·대출·지급보증 또는 이와 유사한 것으로서 금전
또는 그 밖의 재산적 가치가 있는 것(다음부터 '금전등'이라 한다)
을 제공하고 장래에 금전등 및 그에 따른 이자 등의 대가
를 받기로 하는 계약. 다만, 수출환어음 매입 등 수출·수
입 대금 결제와 관련된 계약은 제외한다.

㉮ 위 ㉮부터 ㉕까지의 자

㉯ 보험업법에 따른 보험회사

㉰ 신용협동조합법에 따른 신용협동조합중앙회

㉱ 여신전문금융업법에 따른 여신전문금융회사(신기술사업금융
업자는 제외한다) 및 겸영여신업자

㉲ 「온라인투자연계금융업 및 이용자 보호에 관한 법률」에
따른 온라인투자연계금융업자

㉳ 「자본시장과 금융투자업에 관한 법률」에 따른 금융투자
업자, 단기금융회사 및 자금중개회사.

나아가 금융기관이 아니더라도 금전대차 등 이러한 속성
을 가지는 채권은 모두 포함하는 것이 바람직하다.

(3) 워크아웃 신청주체의 확대

부실징후기업에 해당한다는 통보를 받은 기업은 주채권은
행에 대하여 기업개선을 위한 자구계획서와 금융채권자의 목

록을 첨부하여 ① 금융채권자협의회에 의한 공동관리절차나 ② 주채권은행에 의한 관리절차의 개시를 신청할 수 있다(제5조 제2항).155) 이처럼 구조조정방법의 선택권을 기업에게 부여하고 있다.

앞(P.41)에서 본 바와 같이, 제1차법에서는 주채권은행에 대하여 많은 재량권을 부여하여 ① 신용위험의 평가결과 해당 기업이 부실징후기업에 해당하느냐 여부를 판단하여야 하고, ② 부실징후기업에 해당한다고 판단되는 경우에는 경영정상화의 가능성이 있느냐 여부를 판단하여야 한다. ③ 그리고 결과에 따라 구조조정의 방법을 선택하여 조치를 취하여야 한다. 그러나 제3차법에서 회사의 신청에 의하여 기촉법절차를 진행하도록 변경하였는데, 이는 채권금융기관이 회사에 대하여 기촉법을 강제적으로 적용하는 것으로 해석할 소지가 있어 이를 기업에 대하여 구조조정의 선택권을 부여한 것이다. 평상시에는 현행 규정이 특별한 문제는 없으나, 세계적인 경제위기가 발생하는 등 신속한 구조조정이 필요한 경우 일정요건을 갖춘 채권금융기관이 워크아웃 신청을 할 수 있도록 하는 것이 바람직하다.

결과적으로 신청주체를 채권은행에서(제1차법) 기업으로(제3차법) 전환한데 이어 이제는 **기업을 원칙**으로 하고 **채권금융기**

---

155) 당해 기업은 자체적인 경영정상화계획안을 마련하여 주채권은행에 공동관리 또는 채권은행에 사전공동관리를 신청할 수 있으며, 이 경우 해당 채권은행은 공동관리 또는 사전공동 관리절차 추진여부를 결정하기 위한 자율협의회 소집 또는 신용위험평가를 신속하게 실시하여야 한다(협약 제16조 제2항).

관을 추가적으로 허용하는 것이 바람직하다고 생각한다.

그리고 주채권은행은 부실징후기업으로 통보받은 기업이 정당한 사유 없이 '6개월의 범위에서 대통령령으로 정하는 기간' 156)에 이 법에 따른 관리절차나 채무자회생법에 따른 회생절차를 신청하지 아니하는 경우 부실징후기업의 신용위험으로 인하여 금융시장의 안정이 훼손되지 아니하도록 해당 기업의 신용위험 및 채무상환능력의 변화 등을 지속적으로 점검하여 필요한 조치를 강구하도록 규정하고 있는데(제7조), 구조조정은 신속하고 효율적인 진행이 필요하므로 이 기간을 **'3개월의 범위에서 대통령령으로 정하는 기간' 으로 단축**하는 것이 바람직하다. 그리고 이 기간내에 기업이 아무런 선택을 하지 아니하는 경우157) 주채권은행이 기촉법상 관리절차를 진행하거나 직접 회생절차를 신청할 수 있도록 한다.

(4) '부실징후기업'이라는 용어의 폐지

앞(P.148)에서 본 바와 같이, 워크아웃을 진행하는 것 자체가 해당 기업에 대하여 부실기업이라는 **낙인효과**가 발생하는데, 특히 그 대상기업을 '부실징후기업' 이라 부르는 것도 영향이 있다고 생각한다. 이를 '기업경영향상(Biz Up)' 이라 부르고 법률의 명칭도 「기업경영향상(Biz Up) 협력법」으로 제정할 것을 제안하였다.

---

156) 시행령에서는 '3개월'로 규정하고 있다(영 제6조).

157) 신청의 준비를 위하여 필요한 경우에는 이를 연장할 수 있도록 한다.

그리고 뒤(P.181)에서 보는 바와 같이, 평가의 결과를 기업 경영향상의 필요성에 따라 단계별로 구분하고, **부실징후기업이라는 용어의 폐지**를 제안한다.

(5) 부실징후기업에 대한 관리 강화

부실징후기업으로 통보받은 기업이 정당한 사유 없이 6개월의 범위에서 대통령령으로 정하는 기간에 기촉법에 따른 관리절차나 채무자회생법에 따른 회생절차를 신청하지 아니함에도 불구하고, 주채권은행이 필요한 조치를 취하지 아니하는 경우에는 이에 대한 책임을 강화하여야 한다.

현재는 이를 위반한 경우 채권금융기관에 대한 **시정조치**만 규정하고 있지만(제35조 제1항), 이 뿐만 아니라 **과태료**(제36조)도 부과할 수 있도록 한다. 그리고 주채권은행의 요청에도 불구하고 기업이 이에 응하지 아니한 경우, **기업**에 대하여 기한의 이익 상실 등 제재도 강화한다.

2. 채권행사의 제한 방안

가. 현행법상 문제점

(1) 권리행사 유예요청의 효력

앞(P.85~86)에서 본 바와 같이, 제1차법상 금융감독원장의 채권행사를 유예 요청을 이행하지 아니하고 회사채와 예금(수익증권) 194억원을 상계 처리한 채권금융기관에 대한 환매자금 청구소송에서 대법원은, **채권행사 유예요청은 채권금융기관을 구속하는 법적 효력이 없다**고 하였다.158)

이러한 문제점을 해결하기 위하여 제5차법과 현행법은 금융채권의 행사유예를 요구받은 금융채권자가 금융채권을 행사한 때에는 공동관리절차의 개시 후 지체 없이 원상을 회복하여야 하며, 주채권은행은 협의회의 의결에 따라 해당 금융채권자에게 **원상회복의 이행을 요청**할 수 있도록 하여 법적 의무를 규정하였다. 그러나 현행법에서도 채무자회생법상 채권행사의 제한 규정159)에 비하여 매우 미흡하다.

---

158) 대법원 2005. 9. 15. 선고 2005다15550 판결.

159) 보전처분, 중지명령, 포괄적 금지명령, 개시결정의 효력, 부인권 등.

(2) 특정채권자에 대한 변제의 효력

채무자회생법은 회생절차 신청전이나 신청후에 채무자가 재산을 은닉하거나 특정 채권자에게 변제하는 등 다른 이해관계인에게 부당하게 피해를 초래하는 행위를 하였을 경우, 관리인이 그 효력을 소멸시키는 부인권(否認權)을 규정하고 있으며,[160] 관리인이 부인할 수 있는 채무자의 행위는 다음과 같다(제100조 제1항).

① 채무자가 회생채권자 또는 회생담보권자를 해할 것을 알고 한 행위(고의행위의 부인)

② 지급의 정지 또는 파산·회생절차 개시의 신청이 있은 후에 채무자가 행한 회생채권자 등을 해하는 행위와 담보의 제공 또는 채무의 소멸에 관한 행위(의무 위기행위의 부인)[161]

③ 지급의 정지 등이 있은 후 또는 그 전 60일[162] 내에 채무자가 행한 담보의 제공 또는 채무의 소멸에 관한 행위로서 채무자의 의무에 속하지 아니하거나 그 방법 또는 시기가 채무자의 의무에 속하지 아니하는 것(비의무 위기행위의 부인)[163]

---

160) 법적 성질에 관한 학설은 ① 물권설과 채권설 ② 절대적 효력설과 상대적 효력설 ③ 형성의 소에 의할 것이라는 설과 이행의 소에 의할 것이라는 설 ④ 책임설과 대항력설 등으로 나누어지고 있다.

161) 이를 본지행위(本旨行爲)라 부르기도 하지만, 일본식 용어라 타당하지 않다고 생각한다.

162) 1999년 구회사정리법의 제7차 개정시 회사의 재산을 보호하고 채권자 사이의 공평성을 도모하기 위하여 「30일」에서 「60일」로 대폭 확대하였다(제78조 제1항 제3호).

163) 이를 비본지행위(非本旨行爲)라 부르기도 하지만, 일본식 용어

④ 지급의 정지 등이 있은 후 또는 그 전 6월내에 채무자가 행한 무상행위와 이와 동시하여야 할 유상행위(무상행위의 부인).

위의 사항 중에서 특정채권자에 대한 변제가 ①에 해당하는 경우에는 말할 것도 없고 ②와 ③에 해당하는 경우에도 부인의 대상이 된다. 즉, 채무자가 정당한 채권자에게 변제기에 도래하여 변제하였더라도 지급의 정지가 있은 후에 변제하였거나 지급의 정지 등이 있은 후 또는 그 전 60일 내에 정당한 채권자이지만 아직 변제기에 도래하지 않은 채무를 변제한 경우에는 부인의 대상이 된다.

여기서 문제되는 것은 채무자회생법에서 부인의 대상이 되는 변제행위를 기촉법 절차에서 아무런 문제없이 행할 수 있도록 허용할 것인가 하는 문제가 제기된다. 그리고 제1차 협의회 소집통보시부터 동 협의회가 종료할 때까지 채권행사 유예를 요구할 수 있으나, '한도성여신 미사용분'이 그 유예의 대상이 되는지 여부에 관한 명확한 규정이 없어 혼란을 초래하고 있다.

나. 개선 방안

먼저, **채권행사 유예의 대상**을 확대한다. 현재 "상계, 담보권 행사, 추가 담보 취득을 포함하며, 시효중단을 위한 어음교환 회부는 제외한다"고 규정하고 있는데, "변제, 대물

라 타당하지 않다고 생각한다.

변제, 대환, 연체중인 채권에 대한 집행 등"으로 명확히 규정할 필요가 있다. 판례도 채권행사유예와 채무조정 결의 전에 만기가 도래한 채권도 적용대상이 된다[164]고 해석하였다.

그리고 기촉법상 **채권행사 유예요청제도**를 채무자회생법상 변제금지 수준으로 강화시킬 필요가 있다.

3. 금융채권자협의회 의결의 효력 강화 방안

가. 현행법상 문제점

(1) 협의회 의결의 구속력 불명확

협의회 의결의 구속력 여부가 불명확하여 의결사항을 이행하지 아니한 채권금융기관에 대하여 협의회가 **이행청구**를 할 수 있느냐에 관하여 **판례는 상반된 견해**를 보여 왔다.

먼저, SK글로벌 사건에서 서울지방법원은 협의회 결의에 법적 구속력을 인정하는 것이 헌법상 보장된 재산권의 본질적인 내용을 **침해한다고 볼 수는 없다**.[165]고 하였지만, 그 후 현대건설 사건에서 서울고등법원은 채권금융기관협의회 결의만으로 채권재조정을 강요하는 기촉법 규정[166]은 **위헌 소지**

---

164) 서울지방법원 2003. 10. 9. 선고 2003가합25022 판결.
165) 서울지방법원 2003. 10. 9. 선고 2003가합25022 판결.

가 있다고 판단하여 헌법재판소에 위헌심판청구를 제기하였
으나166) 그 후 본안 소송이 취하되어 헌법재판소는 각하처분
하여 최종의견을 확인하지 못하였다.

(2) 협의회 의결사항 위반 및 사후관리 미흡

일부 금융채권자는 협의회 의결사항을 무시하거나 워크
아웃기업에 대한 사후관리를 소홀히 하여 **채권을 축소·면탈**
하는 사례가 발생하고 있다.

나. 개선 방안

(1) 협의회 의결의 효력 강화

채무자회생법상의 의결요건168)과 구 화의법상의 의결요건
(3/4 요건), 그리고 우리의 기촉법절차와 유사한 호주의 회사법
(Corporations Act 제5.3A장)에 규정하고 있는 임의관리제도에서
는 회의 참석자 수 및 채권액 모두 과반수로 의결하고 있다
는 점을 고려할 때, 국민경제적 측면에서 절차의 효율적인
진행을 위하여 필요최소한의 제한이라고 보아야 할 것이므로
위헌성이 없다고 보며, 뒤(P.170)에서 보는 바와 같이 반대매

---

166) 제17조 제1항, 제27조 제1항 및 제2항 등.

167) 서울고등법원 2005.4.26. 2004나68399 위헌제청결정.

168) 담보채권자의 경우 4분의 3 채권액과 무담보채권자의 경우 이
보다 낮은 3분의 2 채권액 의결조건.

수청구권의 폐지 등 협의회 의결의 효력을 더욱 강화시켜야 한다.

참고로, **아시아은행가협회**(Asian Bankers' Association, ABA)는 2013년 9월 12일 워크아웃을 국제적으로 제도화(Global Informal Workout Rules)하기 위하여 가이드라인(Asian Bankers' Association Informal Workout Guidelines)과 협약안(Model Agreement to Promote Company Restructuring by Informal Workout)을 제시하였는데, 이 협약안은 워크아웃에서 다수결에 의한 채권단의 의사결정이 곧바로 소수 반대 채권자를 구속한다(제9.3조).[169]

(2) 협의회 의결사항 미이행에 대한 제재 강화

협의회는 금융채권자에 대하여 의결사항의 이행을 요구할 수 있고(제28조 제2항), 의결사항을 이행하지 아니하는 금융채권자에 대하여 그 의결에 따라 **위약금을 부과**할 수 있는 권리(제28조 제3항)는 유지하여야 한다.

그리고 협의회의 의결사항 또는 약정을 이행하지 아니하여 다른 금융채권자에게 손해를 발생시킨 금융채권자가 다수

---

169) 9.3. Adoption of Workout Agreement, If the Workout Committee negotiates a Workout Agreement with the Debtor Company, convenes a meeting of Financial Creditors to adopt the Workout Agreement and if that meeting of Financial Creditors adopts the Workout Agreement by a majority representing at least [75%] of all Financial Creditors of the Debtor Company with at least [90%] of the Claims of all Financial Creditors of the Debtor Company, the Workout Agreement will bind the Financial Creditors of the Debtor Company once it has been executed by the Debtor Company.

인 경우 다른 금융채권자가 받은 손해의 범위에서 연대하여
손해를 배상할 책임을 부과(제28조)한 것도 타당하며, 사후관리
를 소홀히 하여 다른 채권금융기관에 손해를 입히는 행위에
대하여 **손해배상 및 과태료 부과**를 강화한다.

4. 반대채권자 매수청구권 개선 방안

가. 현행법상 문제점

(1) 반대매수청구권 본질에 위배

기촉법은 협의회의 의결에 반대한 채권자가 협의회에 대
하여 채권매수를 청구함으로써 금융채권자협의회에서 탈퇴할
수 있도록 채권매수청구권을 부여하고 있다.

이 제도는 제1차법에서부터 채택되었는데,[170] 상법상 반대

---

170) 반대채권자가 공동관리절차의 개시, 채권재조정 또는 신규 신
용공여에 대한 채권금융기관협의회의 의결에 반대할 경우, 협의회
의결일부터 7일 이내에 협의회에 대하여 자기의 채권을 매수하도록
청구할 수 있으며, 협의회는 청구일로부터 1개월 이내에 채권의 매
입가격 및 조건을 반대채권자에게 통보하고 협의회 소속 채권금융
기관이 경영정상화 이행기간내에 매수하도록 하되, 필요한 경우 협
의회는 한국자산관리공사, 예금보험공사, 기타 기관에 대하여 채권
매수를 요청하거나 당해 기업이 상환하도록 요청할 수 있다. 아울러
채권의 매입·상환의 가격 및 조건은 협의회와 반대채권자 간의 협
의에 의하여 정하되 협의가 이루어지지 아니하는 경우에는 조정위

주주의 주식매수청구권제도를 차용한 것이다. 상법은 주식회사의 합병, 분할 합병, 영업양도, 주식교환, 주식이전 등 영업기초에 중대한 변화가 야기되는 경우, 이에 반대하는 주주가 회사에 대해 공정한 가격으로 그 보유주식의 매수를 청구할 수 있는 권리이다. 미국에서 이 제도가 형성된 배경은 이상의 영업상 중요한 사항들에 관하여는 당초 만장일치로 의결하게 되어 있었는데, 이를 다수결로 변경하면서 반대주주에 대한 보호 차원에서 도입한 것이다.[171] 이처럼 주식회사의 영업상 중요한 변화가 발생할 경우 주주들에게 큰 영향을 미치게 되므로 이를 반대하는 주주들에게 그 영향에서 벗어날 수 있는 기회를 제공하는데 의의가 있다.

그러나 이 제도를 기촉법에서 반대채권자의 채권매수청구권으로 도입한 것은 처음부터 잘못된 것이다. 그 이유는 기촉법은 구조조정에 관한 법이고 기업에 대한 채무조정과 신규 자금의 지원 등으로 경영에 부정적인 영향보다는 긍정적인 효과가 발생할 뿐만 아니라 구조조정의 본질상 기업의 회생이라는 공익의 실현을 위하여 다수결로 반대채권자를 구속하는 것이 원칙이므로[172] 반대채권자에게 자신의 채권을 매수해 달라는 권리를 부여하는 것은 **법적·경제적 근거**가 없기 때문이다. 오히려 찬성채권자에게 의사와 무관하게 반대채권 매수의무를 부과하게 되면 아무런 권리침해가 없는 반

원회가 결정한다(제24조).

171) 김정호, "주식매수청구권에 관한 연구"(2015), 163면.

172) 현 채무자회생법 및 구 회사정리법, 구 화의법.

대채권자를 보호한다는 이유로 **찬성채권자의 재산권을 침해**할 소지가 있다.

그리고 반대채권매수청구권의 행사범위가 협의회 의결사항(① 공동관리절차의 개시 ② 기업개선계획의 수립 및 변경 ③ 채무조정 ④ 신규 신용공여 ⑤ 공동관리절차의 연장 ⑥ 그 밖에 협의회의 의결로 정하는 사항) 중 어느 하나라도 반대하면 행사가 가능하므로 지나치게 넓다.[173)]

(2) 기촉법 운용의 최대 장애물

반대매수청구권제도는 찬성채권자에게 부담이 지나치게 가중되어 찬성을 꺼리고 오히려 탈퇴 및 반대를 부추기는 **역효과**가 발생한다. 그리고 반대채권을 해당 기업이 매수할 경우 사실상 채권의 조기변제에 해당하여 공동관리 취지에 반한다.

그리고 채권매수청구권을 인정하는 경우 그 **채권의 가액**이 객관적으로 정확하게 산출될 수 있어야 하는데, 그렇지 못한 점도 채권매수청구권 제도의 문제점 중에 하나다.

그리고 기촉법은 매수가액에 관하여 '청산가치보다 불리하지 않도록 공정한 가액'으로 규정하고 있는데, 청산가치가 매수가액의 최소한을 의미하는 것인지 매수가액 산정의 기준인지 불명확하여, 채권자들 사이에 다툼이 있다.

---

173) 제1차법에서는 공동관리절차의 개시, 채권재조정, 신규 신용공여에 한하여 반대매수청구가 가능하였는데, 제5차법에서 대폭 확대하였다.

기촉법상 관리절차에서는 독립적인 제3자 도산실무가가 관리인으로 선임되지 않고, 기존의 경영진들이 계속 회사 경영을 유지하고 있으므로, 영국의 자발적 회사채무조정(CVA) 절차와 호주의 자발적 관리(voluntary administration) 및 회사정리약정(DOCA) 절차보다는 상대적으로 영국의 SoA 절차, 구조조정계획(Restructuring Plan) 절차, 호주의 SoA 절차에 보다 가깝다고 생각된다. 그런데도 불구하고 기업개선계획 이행약정에 대하여 법원의 사전 인가를 요건으로 하고 있지 않다. 대신에 반대채권자의 채권매수청구권을 인정하여 반대채권자의 권리 보호를 꾀하고 있다.

기촉법상 관리절차의 단점은 법원이 사후 심사만 할 수 있다는 것이다. 금융채권자협의회에서 기업개선계획이 의결된 이후에 반대채권자 또는 공동관리기업이 법원에 의결 취소의 소를 제기하는 경우 절차적 불확실성이 생길 수 있다. 법원이 기업개선계획 의결을 취소하면, 다시 기업개선계획안을 조율하고 의결해야 하기 때문에 절차가 상당히 지연될 가능성이 있다.[174]

---

174) 전우정, "기업구조조정촉진법상 반대채권자의 채권매수청구권의 문제점과 영국의 정리계획(SoA)식 조별 결의 도입 제안"(2020), 325~366면.

나. 개선 방안

(1) 반대매수청구권의 폐지

위에서 본 바와 같이, 반대매수청구권은 그 본질에도 위배되고, 기촉법 운용의 최대 장애물이 되므로 이를 폐지하는 것이 타당하다. 채무조정은 모든 금융채권자가 공정형평하게 진행하므로 불이익이 되지 아니한다. 그리고 현재 재산상 부담으로 작용하는 신규 신용공여는 협의회 의결로 달리 정하지 아니하면 신고된 금융채권액에 비례하여 정하도록 되어 있어(제18조)175) 강제성이 문제되며, 이것이 반대채권매수청구권을 보장하여야 하는 명분으로 작용할 수 있다.

---

175) 제18조(신규 신용공여) ① 금융채권자는 공동관리기업의 기업개선을 위하여 필요하다고 판단하는 경우 협의회의 의결에 따라 해당 기업에 대하여 신규 신용공여(기존 신용공여조건의 변경은 제외한다. 이하 같다)를 할 수 있다. 이 경우 신규 신용공여 금액은 협의회 의결로 달리 정하지 아니하는 한 제26조에 따라 신고된 금융채권액에 비례하여 정한다. ② 제1항에 따른 신규 신용공여로 인한 금융채권은 법정담보권 다음으로 협의회를 구성하는 다른 금융채권자(제11조에 따라 공동관리절차에 참여하는 금융채권자를 말한다)의 금융채권에 우선하여 변제받을 권리를 가진다. ③ 협의회가 공동관리기업에 대한 신규 신용공여를 의결하는 때에는 신규 신용공여를 하지 아니하는 금융채권자가 신규 신용공여를 하는 금융채권자에 대하여 부담하는 손실분담에 관한 사항을 정할 수 있다. 이 경우 신규 신용공여에 따른 손실분담은 공정하고 형평에 맞게 이루어져야 한다. ④ 금융채권자가 공동관리기업에 대하여 신규 신용공여를 할 의무는 금융채권자가 해당 기업과 신규 신용공여에 관한 약정을 체결하는 때에 발생한다.

따라서 **신규 신용공여는 희망자에게만 적용**하고,176) 이에
참여한 자에 대하여는 우선변제청구권으로 보상하고, 반대채
권자의 채권을 **매수하여야 하는 의무는 지우지 아니한다.** 따
라서 이에 참여하지 아니한 자는 희생을 강요당하지 않고 오
히려 구조조정의 결과 채권의 가치가 상승하는 반사적 이익
을 누리게 되므로, 반대매수를 주장할 근거가 사라진다.177)
참고로, 아시아은행가협회(Asian Bankers' Association, ABA)의 협약
안은 반대 채권자의 매수청구권은 인정하지 않고 있다(제9.3조).

(2) 권리에 따른 분류

영국의 SoA 절차, 구조조정계획(Restructuring Plan) 절차, 호주
의 SoA 절차를 참고하여, 채권자들 및 주주들을 권리관계에
따라 분류하여 **각 조별로 의결**하도록 하고 조 구성의 공평성
에 대하여 법원의 인가를 받도록 하는 방안을 제안하는 견
해178)도 있다.

---

176) 신규 신용공여 금액을 결정하는 방법은 희망채권자들에게 협
의회에서 신고된 채권액에 비례하여 배분하고 추가 지원은 자유로
가능하게 한다.

177) 신규 신용공여를 희망자에 한하여 적용할 경우, 다른 채권자들
의 무임승차나 공정성 문제가 발생할 수 있지만, 찬성채권자들이 이
를 감안하여 판단하여야 할 것이다. 반대채권자의 채권이 원활한 구
조조정의 추진에 장애가 되는 경우에는 찬성채권자가 반대채권자의
채권을 청산가치로 매수할 수 있도록 할 필요도 있다.

178) 전우정, "기업구조조정촉진법상 반대채권자의 채권매수청구권
의 문제점과 영국의 정리계획(SoA)식 조별 결의 도입 제안"(2020),
325~366면.

이는 모든 종류의 채권자들을 한꺼번에 묶어서 다수결을 하게 되면, 항상 다수파 채권자들의 입장에 따라서 정리계획 또는 구조조정계획이 결의될 가능성이 높기 때문에, 소수파라서 권리침해가 우려되는 공통된 권리관계를 가지고 있는 채권자들을 독립된 조로 분류하여 결의하도록 하면 소수 채권자를 더욱 보호할 수 있다는 이유이다.

5. 법적 절차와의 연계 강화 방안

가. 현행법상 문제점

상거래채권의 비중이 높은 조선업 등 수주기업의 경우에는 금융채권의 비중이 낮아서 금융채권자만 참여하는 **기촉법상 절차만으로는 효율적인 구조조정을 추진하기 어려운 현상**이 나타난다. 이러한 경우에는 회생절차와의 연계를 통하여 효율적으로 구조조정을 추진할 필요가 있다.

나. 개선 방안

상거래채권의 비중이 높은 조선업 등 수주기업의 경우에는 기촉법상 절차가 개시된 뒤에도 해당 기업 또는 금융채권자는 채무자회생법에 따른 회생절차를 신청할 수 있도록 한다. 물론 채무자회생법상 채무자가 주식회사 또는 유한회사인 때에는 자본의 10분의 1이상에 해당하는 채권을 가진 채권자(제34조 제2항 제1호)는 회생절차를 신청할 수 있다.

그러나 **기촉법상 절차를 진행 중 회생절차를 신청하는 경우**에는 이 요건을 더욱 완화하여 주채권은행 관리절차의 경우에는 주채권은행, 공동관리절차의 경우에는 공동관리절차에 참여한 채권자의 2분의 1이상에 해당하는 채권을 가진 채권자는 신청할 수 있도록 한다.

그리고 **회생계획안 사전제출**에 관하여도 채무자회생법상 채무자의 부채의 2분의 1이상에 해당하는 채권을 가진 채권자는 회생절차개시의 신청이 있은 때부터 회생절차개시 전까지 회생계획안을 작성하여 법원에 제출할 수 있다(제223조 제1항).

그러나 그 요건도 더욱 완화하여 주채권은행 관리절차 중인 때에는 주채권은행, 공동관리절차 중인 때에는 공동관리절차에 참여한 채권자의 2분의 1이상에 해당하는 채권을 가진 채권자는 사전회생계획안을 제출할 수 있도록 한다.

그리고 기촉법상 절차 진행 중 회생절차를 신청하여 개시결정이 내려지면 기촉법상 절차는 중단되지만(제11조 제5항), **회생계획의 수행을 위해 필요한 경우** 다시 기촉법상 절차를 진행할 수 있도록 한다.

제3절 기업에 대한 지원 확대 방안

1. 신규자금공여자에 대한 지원 강화 방안

가. 현행법상 문제점

(1) 신규 신용공여를 할 수 있는 자

기촉법은 공동관리절차를 받고 있는 기업에 대하여 신규 신용공여를 할 수 있는 자를 **기존의 금융채권자**에 한정하고, 그 금액도 협의회 의결로 달리 정하지 아니하는 한 신고된 금융채권액에 비례하도록 하고 있다(제18조 제1항).

이로 인하여 신규 신용공여는 기존 금융채권자의 부담이라는 인식과 이를 피하기 위하여 협의회의 의결에 반대하여 채권매수를 초래하는 요인으로 작용하고 있다. 나아가 원활하게 신규 신용공여를 유치하여 해당 기업을 효율적이고 신속하게 재건시켜야 하는 공동관리절차의 취지에도 반하게 된다.

(2) 신규 신용공여채권의 효력

기촉법상 신규 신용공여로 인한 금융채권은 법정담보권 다음으로 협의회를 구성하는 다른 금융채권자의 금융채권에 우선하여 **변제받을 권리**를 가진다(제18조 제2항).

여기서 문제되는 것은 ① 우선변제권이 기촉법상의 절차 내에서만 효력이 기촉법상의 절차가 종료되면 그 상실하느냐 하는 점과 ② 기촉법상의 절차가 실패하여 회생절차나 파산 절차를 진행하는 경우에는 아무런 효력을 가질 수 없느냐 하는 점이다.

신규 신용공여를 제공하는 자는 기촉법상의 절차에 실패 하여 회생절차나 파산절차를 진행하는 경우에도 우선변제권 을 계속 보장받는다고 하더라도 그 회수가 불분명한 상황인 데 이 또한 인정되지 아니하여 더욱 불안한 지위에 있을 수 밖에 없으며, 이는 효율적인 신규 신용공여를 유치하는데 장 애물로 작용하고 있다.

나. 개선 방안

(1) 신규 신용공여의 유치 확대

1) 신규 신용공여제도의 개방

공동관리절차 진행 기업에 대하여 신규 신용공여를 할 수

있는 자를 기존의 금융채권자에서 **모든 채권자**는 물론 현재
전혀 **채권을 가지지 아니한** 자까지 확대하여 개방적으로 운
영하는 것이 바람직하다.

그리고 신규 신용공여의 금액도 희망채권자에 한하여 신
고된 채권액에 비례하여 결정한 의무부담액 외에 추가 지원
은 자유로 허용하며,179) 일반 채권자와 현재 전혀 채권을 가
지지 아니한 자는 이러한 제한없이 협의회에서 의결하는 범
위내에서 신규 신용공여를 할 수 있게 할 필요가 있다.

2) 소규모 신규 신용공여 절차의 간소화

공동관리절차 진행 기업에 대한 ① 신속한 지원이 필요하
다고 주채권은행이 판단하는 경우 ② 일정금액 이하의 금액
은 ③ 협의회 의결을 거치지 않고 ④ 주채권은행 또는 제3자
의 신규 신용공여를 허용할 필요가 있다.

(2) 신규 신용공여채권의 효력 확대

1) 기촉법상 우선변제권 확대방안

기촉법상 신규 신용공여채권은 채무자회생법상 공익채권

---

179) 신규 신용공여를 희망자에 한하여 적용할 경우, 다른 채권자들
의 무임승차나 공정성 문제가 발생할 수 있지만, 찬성채권자들이 이
를 감안하여 판단하여야 할 것이다. 반대채권자의 채권이 원활한 구
조조정의 추진에 장애가 되는 경우에는 찬성채권자가 반대채권자의
채권을 청산가치로 매수할 수 있도록 할 필요도 있다.

이나 재단채권의 우선변제권과 달리, 협의회를 구성하는 다른 금융채권자의 금융채권에 대한 우선변제권(제한적·상대적 우선변제권)만 가진다. 이를 다른 **모든 채권자에 대하여 우선**하는 것으로 지위를 격상할 것인가 하는 문제가 있다.

이는 기촉법 절차를 활성화시키고 워크아웃기업의 회생을 적극 지원하기 위하여는 긍정적으로 검토하는 할 필요가 있다고 본다. 다만, 이를 위해서는 신규 신용공여를 할 수 있는 자격을 확대하여 기존 채권자에 대한 권리침해를 예방하고 우선변제권의 정당성과 공평성을 확보하여야 한다.

2) 기촉법 절차 후 우선변제권 확대방안

기촉법상의 우선변제권은 ① 기촉법상의 절차가 종료되면 상실한다는 규정이 없으므로, 기촉법상의 절차가 종료된 후에도 계속 효력이 있다고 해석하여야 한다. ② 기촉법상의 절차가 실패하여 회생절차나 파산절차를 진행하는 경우에는 채무자회생법상 공익채권과 재단채권의 개념에는 해당하지 않는다고 보아야 한다.

그러나 회생절차나 파산절차를 진행하더라도 다른 금융채권자의 금융채권에 대한 **우선변제권**은 계속 가진다고 보아야 한다.[180] 이를 기촉법에 명확히 규정하는 것이 바람직하다고

---

180) 기촉법의 제정 과정에서도 이 문제가 쟁점이 되었는데, 당초 입법안에서는 회사정리절차로 진행된 경우에는 공익채권으로, 파산절차로 이행된 경우에는 재단채권으로 인정하도록 하였으나, 축조심의 과정에서 삭제되었다. 그러나 금융기관중심의 관리절차중에 우선

본다.

그리고 기촉법상의 절차가 실패하여 회생절차나 파산절차를 진행하는 경우에 채무자회생법상 공익채권과 재단채권과 같은 지위를 부여할 것이냐 하는 문제가 있다. 이에 관하여는 위의 기촉법상의 우선변제권과 마찬가지로, 신규 신용공여를 적극 유치하기 위하여는 필요하다고 본다. 다만, 우선 **기촉법상 우선변제권의 지위를 먼저 격상**시키고 기촉법 절차 이후의 우선변제권의 지위격상을 검토하거나 최소한 동시에 하여야 하고, 기촉법 절차 후의 우선변제권의 지위를 먼저 격상하는 것은 타당하지 않다고 본다.

2. 신용위험평가제도의 개선 방안

가. 현행법상 문제점

첫째, 신용위험평가의 **공정성** 여부에 관한 의문이 제기되어 왔는데, 채권은행의 우호적 평가와 금융당국의 영향력이 공정한 평가를 저해한다.[181] 이에 관한 조사결과, 평가기준의

변제권을 가짐은 물론, 회사정리절차로 진행된 경우에는 일반의 우선권있는 정리채권(회정 제228조)으로 분류되고, 파산절차로 이행된 경우에도 일반의 우선권있는 파산채권(파산 제32조)로 인정될 것으로 해석하였다; 박승두, "기업구조조정촉진법의 내용과 은행의 대응방안"(2001), 69면.

구체성이 결여되고 평가자의 자의적 판단에 의존한 온정적 평가 관행이 여전한 것으로 나타났다.[182]

둘째, 기촉법 시행령은 **신용위험평가를 하지 아니할 수 있는 사유**로 ① 회생절차 또는 파산절차가 진행 중이거나 회생절차폐지 또는 파산폐지 된 기업 ② 기촉법상 관리절차가 진행 중인 기업 ③ 신용공여액이 50억원 미만인 경우를 규정하고 있다(제4조제2항). 그런데 이러한 요건 외에 신용위험평가를 면제하여야 할 사유가 발생하면 그때마다 시행령을 개정하여야 하므로, 신속히 대응하지 못하는 문제가 있다.

나. 개선 방안

첫째, 평가의 객관적 기준을 설정하여 **신용위험평가의 공정성**을 확보하여야 한다. 이를 위해서는 우선 신용위험평가 모형의 객관성을 제고하여야 한다. ① 사업위험과 재무위험 간 전이 가능성 고려, 상향근거 명확화, 평가지표 세분화 등으로 신용위험평가 모형의 객관성을 제고하여, ② 사업위험

---

181) 김윤경, "한계기업 동향과 기업구조조정 제도에 대한 시사점"(2020), 한국경제연구원 홈페이지.

182) 5대 평가부문 중 4개 부문에서 중간등급을 부여받은 기업비중이 40%를 초과하는 등 변별력이 매우 미흡하여 상향평가되어 중심화경향이 상대적으로 낮은 경영위험 부문에 대해서는 세부기준 없이 관행적으로 최고등급(평가기업의 31.4%)을 부여하고 최종 평가등급 결정기구인 신용위험평가위원회가 실무부서의 의견을 그대로 수용하는 등 견제역할이 형식적인 것으로 확인되었다; 금융감독원, "채권은행의 신용위험평가 및 워크아웃 운영 개선방안"(2018), 47면.

이 재무위험보다 현격히 높아 사업위험이 재무위험으로 전이될 가능성이 있을 경우 이를 평가에 반영하고, ③ 5대 부문평가 후 조정항목을 통해 최종등급을 상향하는 경우 명확한 등급상향 기준을 마련하고 구체적인 증빙을 확보한다. ④ 또한 5대 평가부문별로 평가지표를 세분화하고, ⑤ 세부 평가지표에 대한 등급부여 기준을 구체화한다.

그리고 **신용위험평가위원회의 투명성**을 제고한다. 신용위험평가위원회가 독립성과 전문성을 가지고 온정적 평가관행을 적극 시정할 수 있도록 의사결정의 투명성을 제고하기 위하여, ① 구조조정 관련 업무경력, 법률·회계 등 전문지식 보유여부 등 최소 요건을 구체적으로 명시하고, ② 평가기업과 이해관계가 있는 위원의 경우 관련 평가업무에서 제척 또는 회피한다. ③ 또한, 일정 조건 해당시 외부위원을 포함하거나 최종등급의 적정성에 대한 외부전문가의 의견을 첨부하고, ④ 신용위험평가위원회의 의사록을 작성하며, ⑤ 위원별 찬반 여부 표시를 의무화한다.[183] 또한 일본의 사업재생제도와 같이 제3의 전문가 그룹을 통한 조정방식이 제안되고 있다.[184]

둘째, **신용위험평가를 면제**하여야 할 필요가 있는 때에는 금융위원회가 감독규정으로 시행할 수 있도록 함이 바람직하

---

183) 금융감독원, "채권은행의 신용위험평가 및 워크아웃 운영 개선 방안"(2018), 50~51면.

184) 김윤경, "한계기업 동향과 기업구조조정 제도에 대한 시사점"(2020), 한국경제연구원 홈페이지.

다. 아울러, ① 업종의 성격상 평가를 통해 부실징후기업으로 선정하여도 워크아웃을 통한 재무개선이 어려운 경우 ② 국가정책상 필요에 의하여 기업개선방향을 결정하는 경우 등에는, 부실징후기업의 선정대상에서 제외하도록 할 필요가 있다.

셋째, 평가의 결과를 **기업경영향상의 필요성에 따라 단계별로 구분**하고, 앞(P.159)에서 제안한 바와 같이 '부실징후기업' 이라는 용어는 폐지하는 것이 좋을 것 같다.

3. 주채권은행의 역할 개선 방안

가. 현행법상 문제점

(1) 주채권은행의 역할

기촉법절차 운용의 중심에는 주채권은행이 있으며, 그 주요 역할은 다음과 같다.

① 부실징후기업의 판단과 해당 기업에 대한 통보(제5조 제1항)
② 해당 기업의 주채권은행앞 구조조정방안(공동관리절차나 주채권은행 관리절차) 통보(제5조 제2항)
③ 금융채권자협의회 대표 및 소집 및 운영 주관(제22조 제2항)
④ 협의회 공동관리업무의 수임 가능(제23조 제3항)

⑤ 공동관리기업 기업개선계획의 작성 및 협의회 제출(제13조 제1항)
⑥ 기업개선계획 이행약정 이행실적 점검 및 협의회 보고(제15조 제2항 본문)
⑦ 경영평가위원회 구성, 해당 기업에 대한 평가 및 협의회 보고(제16조 제1항 본문).

(2) 주채권은행의 선정

주채권은행은 해당 기업의 주된 채권은행인데, 이는 **해당 기업의 거래 성격**에 따라 정해질 것이며, 특별히 주된 채권은행을 정하기 어려운 경우에는 **신용공여액**을 기준으로 가장 많은 은행을 선정한다.

(3) 은행에 한정하는 폐쇄적 개념

정상기업의 경우에는 해당 기업이 거래하는 은행 중에서 주채권은행을 선정하는 것은 당연하다. 그러나 부실징후기업으로 선정된 이후에는 신규 신용공여 등으로 인하여 은행이 아닌 금융채권자가 가장 많은 신용공여액을 가지는 경우도 발생할 수 있다. 그리고 해당 기업의 향후 원활한 구조조정을 위하여는 최대 신용공여액을 가진 금융채권자가 주도적인 역할을 할 필요가 있다.

그러나 기촉법상 주채권은행은 '은행' 185)에만 한정하고 있어서 은행 외의 금융채권자는 가장 많은 신용공여액을 가지더라도 주채권은행이 될 수 없어 해당 기업의 효율적인 구

---

185) 기촉법상 '채권은행'이란 금융채권자 중 은행업을 규칙적·조직적으로 영위하는 금융기관을 말한다(제2조 제4호).

조조정을 추진할 수 없는 상황이 발생할 수 있다.[186] 또 은행 외의 금융채권자로부터 신규 신용공여를 유치하는데 장애물이 될 수도 있다.

나. 개선 방안

(1) 주채권은행 개념의 확대

부실징후기업으로 선정된 이후 신규 신용공여 등으로 은행이 아닌 금융채권자가 가장 많은 신용공여액을 가지는 경우에는 해당 금융채권자가 주채권은행의 역할을 수행할 수 있는 길을 열어 줄 필요가 있다.

그 방법으로는 주채권은행이 될 수 있는 자격을 '은행'에만 한정하지 않고 **은행 외의 금융채권자까지 확대**하는 방안이 있을 수 있다. 이는 현재 채권은행협약에서 규정하고 있는 '채권은행'의 개념(제2조제2호)[187]과 '주채권은행'의 개념

---

186) 기촉법상 '주채권은행'이란 해당 기업의 주된 채권은행(주된 채권은행이 없는 경우에는 신용공여액이 가장 많은 은행)을 말한다(제2조 제5호).

187) 2. '채권은행'이라 함은 다음 각 호에 해당하는 자로서 이 협약에 가입한 자를 말한다. 다만, 제3장 기업신용위험 상시평가 관련사항에 대해서는 바목부터 차목에 해당되는 채권은행은 제외한다. 가. 은행법에 의하여 인가를 받은 금융기관(수협중앙회의 신용사업부문 포함) 나. 한국산업은행법에 의한 한국산업은행 다. 한국수출입은행법에 의한 한국수출입은행 라. 중소기업은행법에 의한 중소기업은행 마. 농업협동조합법에 의한 농협은행 바. 신용보증기금법에 의한 신용보증기금 사. 기술신용보증기금법에 의한 기술신용보증기금 아.

(제2조)188)과 같이 확대하는 방법이 좋을 것 같다.
(제3호)

(2) 개선 효과

은행이 아닌 금융채권자가 최대 신용공여액을 가진 경우
에 주채권은행의 역할을 수행하도록 하여, 해당 기업의 신속
하고 **효율적인 구조조정**을 추진할 수 있게 된다.

나아가 이런 제도로 인하여 은행 외의 금융채권자로부터
신규 신용공여를 효율적으로 유치할 수 있는 요인이 될 수
있다.

무역보험법에 의한 한국무역보험공사 자. 중소기업진흥 및 제품구매
촉진에 관한 법에 의한 중소기업진흥공단 차. 금융기관부실자산 등
의 효율적 처리 및 한국자산관리공사의 설립에 관한법률에 의한 한
국자산관리공사.

188) 3. '주채권은행'이라 함은 채권은행 중 당해 기업에 대한 채권
액이 최다인 채권은행으로 한다. 다만, 제2호 바목부터 자목에 해당
되는 단일 채권은행의 채권액이 최다인 경우에는 동 채권은행은 그
보유채권액이 총채권액의 40% 이상인 경우에만 주채권은행이 되고,
제3장 기업신용위험 상시평가 관련사항에 대해서는 제2호 바목부터
차목에 해당되는 채권은행은 주채권은행에서 제외한다. 이 경우의
채권액이라 함은 자율협의회 소집통보일 기준 최근 월말 현재 종합
신용정보집중기관의 기업신용거래정보를 통하여 파악가능한 금액으
로 한다. 다만, 주채권은행 확정 후 1개월 이내에 종합신용정보집중
기관 기업신용거래정보의 오류, 정정 등으로 금액이 변경된 경우에
는 변경된 금액을 기준으로 하며, 채권은행은 상호간의 협의를 통하
여 주채권은행을 변경할 수 있다.

4. 자산부채 실사제도의 개선 방안

가. 현행법상 문제점

협의회는 공동관리기업에 대하여 그 기업과 협의하여 선임한 회계법인 등 외부전문기관으로부터 자산부채실사 등을 받도록 요청할 수 있는데(제12조 제1항), 이는 워크아웃기업의 자산부채 상태를 정확하게 평가하여 그 구조조정방안을 마련한다는 점에서 **중요한 의의**를 가진다.[189]

그러나 구조조정 **기간의 지연과 비용의 증가**를 초래할 수 있다.[190] 특히 그 비용을 대부분 기업이 부담하는데 이는 경영부실을 가중시킬 수 있으며, 찬성한 금융채권자가 부담하게 하는 것도 반대를 부추길 가능성이 있다.

---

189) 특히 중소기업의 경우, 회계처리가 부실하여 부외부채, 우발채무 등이 발생할 수 있으며 이를 상세하게 파악하지 못하면 구조조정을 효율적으로 진행할 수 없게 된다.

190) 현재 운용실태를 보면, ① 대기업은 4대 회계법인(삼일, 삼정, 안진, 한영) 중심으로 하며 금액은 1억 원 이상에 이를 수도 있으며, ② 외감기업은 5천만 원 ~ 1억 원 정도, ③ 중소·비외감 기업은 3천만 원 정도의 비용이 지급되고 있으며, 비용산정시에 해외법인의 존재 여부, 국내 연결자회사 유무 등을 고려한다.

나. 개선 방안

자산부채실사는 향후 구조조정방안을 수립하는데, 기초가 되는 현재의 실상을 파악하는 것으로 필요한 절차이지만, 절차의 지연과 비용을 증가시키는 부작용이 발생할 수 있으므로, **기존 자료의 활용**을 통하여 자산부채의 실사가 반드시 필요하지 않는 경우에는 이를 생략하도록 할 필요가 있다.

그리고 자산부채실사를 하는 경우에도 **비용을 최소화**할 수 있는 방법을 찾아야 한다. 예를 들면, 기존의 신용평가자료 등을 활용하여 주채권은행이 평가서를 작성하게 하고, 금융채권자협의회에서 수정, 보완하는 것이 바람직하다.

그리고 회계법인의 선정기준, 소요금액, 실사기간 등에 관하여 **합리적인 기준**을 마련하여 운용하는 것이 바람직하다.

5. 워크아웃기업 지원 강화 방안

가. 현행법상 문제점

워크아웃기업에 대하여는 은행 등 채권금융기관이 기존의 신용공여를 변제받지 못하는 상황에서 추가로 신규 신용공여를 지원하기는 현실적으로 어려운 점을 감안하여, 기존 채권금융기관 외의 **외부기관의 지원**을 유치하는 방안을 강구할 필요가 있다.

그리고 우리나라에서 **기업구조조정담당임원**(Chief Restructuring Officer, 다음부터 'CRO' 라 한다)[191]은 회생절차를 개시한 후 위촉계약에 대하여 법원의 허가를 받은 후 업무를 수행하도록 하고 있다.[192] 그러나 미국에서는 법원에 회생절차를 신청하기 이전에 워크아웃 기업에서 CRO가 합리적인 구조조정방안을 제시하여 추진하는데 크게 기여하고 있다. 따라서 우리도 워크아웃 단계에서부터 CRO의 지원을 받을 수 있도록 하여야 한다.

나. 개선 방안

(1) 금융지원 방안

1) 경영컨설팅 및 비용의 지원

워크아웃 진행기업이 중소기업인 경우 인적·물적 자원의 부족으로 효율적인 대응방안을 모색하지 못하는 어려움이 있다. 따라서 일시적 유동성 위기 극복을 넘어 기업의 근원적

---

191) 미국에서는 1990년대 이후 구조조정절차를 진행하는 회사가 이 분야의 전문가를 주요 채권자들의 추천으로 임원으로 채용하여 왔다. 우리나라에서는 2011년 이후 회생절차에서 활용하고 있다.

192) 정준영, "기업회생절차의 새로운 패러다임"(2011), 30~31면.

경영체질 개선을 위한 **전문 경영컨설팅**을 제공한다. 이는 경영진단을 위한 컨설팅 비용을 지원함과 함께 직접 컨설팅을 제공할 수도 있다.

그리고 기업의 사업과 재무의 구조조정을 효율적으로 추진하기 위하여는 시작단계에서부터 효율적인 지원을 하는 것이 필요하며, 이를 위해서는 초기에 경영진단을 위한 컨설팅 비용을 지원할 필요성이 있다.

2) 투자·운영·대환자금 등의 지원

우수한 기술력으로 훌륭한 제품을 개발하더라도 초기 개발자금의 상환 압박으로 생산설비를 갖추기 위한 효율적인 투자를 하지 못하는 경우가 있다. 이러한 경우에는 생산설비의 투자와 인력의 확보를 위한 지원을 원활히 할 수 있도록 한다. 이를 위하여는 **새로운 영업현금흐름**을 창출할 수 있는 자금지원(운영 및 시설)과 **악성 채무의 변제**를 위한 대환자금의 대여가 필요하다.

3) 자산부채실사비용 지원

앞(P.185)에서 본 바와 같이, 워크아웃 절차에서 가장 큰 걸림돌은 자산부채실사제도에 있다. 따라서 최대한 이를 생략하거나 간소화하는 방법을 모색함과 함께 그 비용도 최소화하여야 한다.

그리고 그 비용의 지출에 따른 경제적 부담을 완화하기

위하여 **자산부채실사 비용도 대여**할 수 있도록 한다.

ㄴ) 종합금융지원시스템의 구축

워크아웃의 성공적인 진행을 위해서는 해당 기업의 경영
및 재무상황을 정확히 진단하여야 하고 이에 대한 해결방안
을 모색하여야 한다. 따라서 각 기업에 맞는 투자자매칭,
S&LB 등 맞춤형 **종합금융지원시스템**을 구축하여 경영정상화
지원을 강화한다.

(2) 비금융 지원

ㅣ) 기업구조조정전담임원(CRO)의 파견

재정적 위기를 인지한 초기에 제3자가 회사의 재무상태를
정확히 파악하고 채권자에게 정보를 제공하여 회생을 위한
방안을 강구하는 것이 회사와 채권자 모두에게 이익이 되는
방법이다.

따라서 워크아웃기업도 **CRO를 위촉**할 필요가 있으며, 신
규 신용공여 등 지원기관이 CRO를 우선 파견할 수 있도록
한다. 만약 워크아웃기업이 회생절차 개시를 신청하는 경우
에는 법원이 신속한 개시결정과 함께 CRO의 계속 위촉을 유
지하는 내용의 계약을 허가하는 것이 바람직하다.

ㄹ) 워크아웃기업 채권의 인수

워크아웃기업의 효율적인 경영정상화를 위해서는 기존의 금융채권자와의 관계 유지보다는 새로운 지원을 할 수 있는 투자자를 모색하는 것이 중요하다.

따라서 채권자 이해관계 단순화 및 원활한 워크아웃 절차 진행을 위하여 필요한 경우 금융채권자가 아닌 **외부자**가 워크아웃기업의 채권을 자유롭게 매수할 수 있도록 한다.

(3) 면책제도의 개선 방안

ㅣ) 현행법상 문제점

기촉법에 채권금융기관 및 그 임직원에 대한 면책 규정(제34조)이 있지만, '기업구조조정을 위하여 업무를 적극적으로 처리한 경우'의 **해석이 불분명**하여 실제 '적극적 여신지원'이 여기에 해당되지 않을 우려가 있어서 워크아웃을 위한 정상적인 업무에 장애가 되고 있다.

그리고 면책 제외대상에 '필요한 정보를 충분히 수집·검토하지 아니한 경우'를 규정하고 있는데, 이는 업무처리를 위하여 과도한 준비를 요구하고 그 기준을 예측하기도 쉽지 않아 **업무효율을 저하**시키는 원인이 되고 있다.

2) 개선 방안

기촉법상 면책 규정(제34조)에서 '필요한 정보를 충분히 수집·검토하지 아니한 경우'를 제외하고 있는데, 이는 그 범위가 넓고 추상적이어서 확대 해석할 경우 정당한 업무수행임에도 불구하고 대부분 면책받지 못하는 결과를 초래할 수 있으며, 이는 업무에 소극적으로 임하는 요인이 될 수 있다. 따라서 이 규정은 **삭제**하는 것이 바람직하다.

그리고 「금융기관검사 및 제재에 관한 규정」상 **면책특례** 규정(제27조의2 제1항)193)에 기촉법상 업무를 포함한다.

---

193) ① 금융기관의 업무와 관련하여 다음 각 호에 해당하는 경우에는 제재하지 아니한다. 여신이 부실화되거나 증권 관련 투자손실이 발생한 경우에도 또한 같다. 1.「재난 및 안전관리 기본법」에 따른 재난 상황에서 재난으로 피해를 입은 기업·소상공인에 대한 지원, 금융시장 안정 등을 목적으로 정부와 협의를 거쳐 시행한 대출, 보증, 투자, 상환기한의 연기 등 금융지원 업무 2.「동산·채권 등의 담보에 관한 법률」에 따른 동산·채권·지식재산권을 담보로 하는 대출 3. 기업의 기술력·미래성장성에 대한 평가를 기반으로 하는 중소기업대출 4.「중소기업창업 지원법」에 따른 창업기업, 「벤처기업육성에 관한 특별조치법」에 따른 벤처기업, 「여신전문금융업법」에 따른 신기술사업자 등에 대한 직접적·간접적 투자, 인수·합병 관련 업무 5.「금융혁신지원 특별법」에 따른 혁신금융서비스, 지정대리인 관련 업무 6. 그 밖에 금융위원회가 금융정책·산업정책의 방향, 업무의 혁신성·시급성 등을 종합적으로 고려하여 면책심의위원회의 심의를 거쳐 지정하는 업무.

참 고 문 헌

Ⅰ. 한국 문헌

1. 단행본

금융감독원, 『글로벌 금융위기 이후 기업구조조정』, 2010.

_____, 『채권은행의 신용위험평가 및 워크아웃 운영 개선방안』, 2018.

_____·은행연합회, 『채권은행의 신용위험평가 및 워크아웃 운영 개선방안』, 2018.

김석진, 『기업구조조정- 성과와 시사점 -』, 집문당, 2002.

김정호, 『워크아웃의 이론과 실무』, 청림출판, 1999.

_____외, 『구조조정과 다운스코핑』, 서울경제경영, 1999.

김혁중, 『기업부실과 구조조정의 이해』, 한국생산성본부, 2003.

류진국, 『기업의 생존을 위한 구조조정 전략』, 진한도서, 1998.

김 덕, 『워크아웃에 의한 기업구조조정』, 한솜미디어, 2005.

금융감독위원회, 『중소기업 워크아웃 활성화를 위한 Workshop 발표자료』, 2006.12.5.

박기진 외, 『기업구조조정 총설』, 첨단금융출판사, 2007.

박승두, 『개인채무자회생법 해설』, 법률SOS, 2004.

_____, 『회사정리법』, 법률SOS, 2000.

_____, 『도산법 개정방안』, 한국산업은행, 2001.

_____, 『도산법총론』, 법률SOS, 2002.

_____, 『통합도산법 분석』, 법률SOS, 2006.

_____, 『잊을 수 없는 9월 14일-(주)인켈 M&A 이야기』, 법률SOS, 2007.

_____, 『한국도산법의 선진화방안』, 법률SOS, 2003.

_____, 『대법원 판례 평석집: 대법원의 오늘과 내일』, 신세림, 2018.

_____, 『유투브 박교수의 7분법(6): 기업회생법』, 신세림, 2022.

서 훈 외, 『출자전환과 구조조정실무』, 대일기업연구원, 1999.

이명훈, 『(공동워크아웃 관련)기업구조조정 해설: 기촉법과 채권은행협약을 중심으로』, 정법사, 2008.

한국경제연구원, 『기업구조조정촉진법의 평가와 제언』, 한국경제연구원 정책보고, 2001.

2. 논문

권영종·백승흠, "금융회사에 의한 기업워크아웃제도", 『회생법학』, 제3호, 한국채무자회생법학회, 2011. 6.

금융감독원, "채권은행의 신용위험평가 및 워크아웃 운영 개선방안",

『금융감독정보』, 제2018- 5호(통권971호), 2018. 1. 30.

김남근, "자영업자와 한계채무자 경제회생을 위한 파산·회생제도 개혁", 더불어민주당·신용회복위원회·참여연대, 2022. 8. 17.

김병칠, "기업구조조정촉진법의 성과 및 운영방안", 한국도산법학회, 학술세미나 자료집, 2005. 12. 20.

김상수, "일본의 민사재생법과 시사점," 『비교사법』, 제9권 제4호, 2002. 12.

김용진, "유럽연합 도산법제의 발전과 시사점", 『법조』, 제68권 제3호, 법조협회, 2019. 6.

김윤경, "한계기업 동향과 기업구조조정 제도에 대한 시사점", 2020.8.3./ 한국경제연구원 홈페이지/ KERI 브리프/ http://www.keri.org/web/www/issue_02.

Robert Drain "효율적인 기업구조조정(미국의 관점에서)", 서울회생법원 개원기념 국제컨퍼런스, 서울회생법원, 2017. 9. 14.

박승두, "우리나라 도산절차의 문제점과 개선방향", 『산은조사월보』, 한국산업은행, 2001. 2.

_____, "기업구조조정촉진법의 내용과 은행의 대응방안", 한국산업은행, 『산은조사월보』, 2001. 9. 15.

_____, "일본 민사재생법의 이념과 기본구조", 『청주법학』, 제32권 제1호, 청주대학교 법학연구소, 2010. 5.

_____, "구 기업구조조정촉진법의 주요쟁점과 재입법 방안", 『회생법학』, 제3호, 한국채무자회생법학회, 2011. 6.

_____, "기업회생절차의 진행단계별 쟁점에 관한 연구", 『경영법률』, 제22집 제1호, 한국경영법률학회, 2011. 10.

_____, "기업회생법의 역사·현황·전망", 『경영법률』, 제24집 제2호, 한국경영법률학회, 2014. 1.

_____, "일본의 회사갱생절차상 해고 관련 판례 평석ー 對象 判決: 日本航空(運航乘務員)事件, 東京地方法院 2012. 3. 29 判決, 2011(ワ) 第1428号, 第14700号 및 日本航空(客室乘務員)事件, 東京地方法院 2012. 3. 30 判決, 2011(ワ) 第1429号 ー", 『노동법학』, 제51호, 한국노동법학회, 2014. 9.

_____, "간이회생절차의 주요 내용과 신청방법", 『경희법학』, 제51권 제2호, 경희법학연구소, 2016. 6.

_____, "기업회생법상 부인권의 입법연혁과 전망", 『경영법률』, 제26집 제1호, 한국경영법률학회, 2015. 10.

_____, "신규자금대여채권의 파산절차상 효력에 관한 판결의 부당성", 『경영법률』, 제27집 제2호, 한국경영법률학회, 2017. 1.

_____, "한일 비교연구: 간이기업회생제도", 『회생법학』, 제14호, 한국채무자회생법학회, 2017. 6.

_____, "기업회생절차상 '한국형 Prepack제도'(P-Plan)의 개

선 방안", 『법학연구』, 통권 제57집, 전북대학교 법학연구소, 2018. 9.

_____, "미국의 '회생계획안 사전제출제도(Prepackaged Bank-ruptcy)'에 관한 연구", 『사법』, 제46호, 사법발전재단, 2018. 12.

_____, "한국 기업회생제도의 긴급진단과 처방", 『경영법률』, 제30집 제1호, 한국경영법률학회, 2019. 10.

박용민·임계원, "기업 재무상태 전환의 주요 특징: 한계기업의 회생을 중심으로", 2021.10.21./ 한국은행 홈페이지/조사·연구/경제전망보고서/https://www.bok.or.kr/portal /main/main.do.

박찬우, "한계기업 현황과 시사점", 2022.8.1./ KDB미래전략연구소 홈페이지/조사연구/이슈분석/https://rd. kdb.co.kr/index.jsp.

박훤일, "채권은행을 통한 기업구조조정의 법적 문제", 『상사법연구』, 제22권 제5호, 한국상사법학회, 2004.

안병구, "구 기업구조조정촉진법의 주요 쟁점과 재입법방안 지정토론문", 한국채무자회생법학회, 2011년 춘계학술대회 자료집, 2011. 3. 25.

안창현, "회생절차에서의 자율구조조정 활성화 방안에 대한 소고: 회생절차에서의 워크아웃 사례 검토를 중심으로", 한국채무자회생법학회, 『회생법학』, 제21호, 2020. 12.

안청헌, "기업회생절차상 구조조정담당임원(CRO)제도에 관

한 한국과 미국의 비교연구", 박사학위논문, 청주대
학교 대학원, 2019. 2.

양병용, "우리나라 기업회생에 관한 연구 : 법정관리, 화의, 워
크아웃 비교를 중심으로", 박사학위논문, 국민대학교
대학원, 2007. 2.

오수근, "기업구조조정촉진법 비판", 『법학논집』, 제6권 제1호,
이화여자대학교 법학연구소, 2001.6.

____, "워크아웃(기업개선작업)에 관한 연구", 『상사법연
구』, 제24권 제4호, 한국상사법학회, 2006. 2.

우창훈, "기업은행 워크아웃 성과", 『워크아웃제도의 현황과
발전방향』, 한국채무자회생법학회·한국자산관리공사, 중
소기업을 돕는 사람들, 2023. 3. 24.

이병호, "워크아웃 중소기업의 구조조정 성공과 실패요인", 박
사학위논문, 숭실대학교 대학원, 2021. 2.

____·김문겸·김순철, "워크아웃 중소기업의 성공과 실패
요인", 『중소기업연구』, 제42권 제2호(통권119호),
한국중소기업학회, 2020. 6.

이상진, "금융회사의 패스트-트랙 제도", 『회생법학』, 제3호,
한국채무자회생법학회, 2011. 6.

이원삼, "회생절차에서 신규지원된 자금에 대한 법적 보호방법
에 관한 연구 - 우리경험과 미국의 DIP Financing과
의 비교를 중심으로 -", 경영법률 제24집 제3호, 한국
경영법률학회, 2014.4.

이지은, "효율적 기업구조조정 수단으로서의 미국 파산법 제363조 매각", 『글로벌경제 이슈』, 산은경제연구소, 2009. 12.

이현정, "사업재생형 바이아웃제도의 비교법적 검토", 『회생법학』, 제10·11호, 한국채무자회생법학회, 2015. 6.

_____, "한·일간 도산절차상 금융리스채권의 취급에 관한 판례연구", 『회생법학』, 제18호, 한국채무자회생법학회, 2019. 6.

_____, "일본 중소기업의 사업재생 등에 관한 가이드라인의 시사점", 『회생법학』, 제25호, 한국채무자회생법학회, 2022. 12.

임병권, "인플레이션에 따른 중소기업 수익성 영향 분석", 2022.8.30./IBK경제연구소홈페이지/http://research.ibk.co.kr/research.

임치용, "한국의 워크아웃제도: 회생절차와의 비교", 『도산법연구』, 제4권 제2호, 도산법연구회, 2014. 1.

장원규, "코로나19 대유행 시대에 채무자회생법제의 한계와 과제", 『회생법학』, 제22호, 한국채무자회생법학회, 2021. 6.

전경련, "한계기업 현황과 금리변동의 영향", 2022.5.24./ 전경련홈페이지/보도자료·발표문/https://www.fki.or.kr/main/news/statement_detail.do.

전우정, "기업구조조정촉진법상 반대채권자의 채권매수청구권의 문제점과 영국의 정리계획(SoA)식 조별 결의 도입제안", 『기업법연구』, 제34집 제3호(통권 82호), 한국

기업법학회, 2020. 9.

정준영, "기업회생절차의 새로운 패러다임",『사법』, 제18호, 사법발전재단, 2011. 12. 15.

조규홍, "현행 기업구조조정촉진법에 따른 워크아웃 실무", BFL(Business finance law), 제53호, 서울대학교 금융법센터, 2012. 5.

지헌열, "워크아웃(기업개선작업)에 관한 연구",『논문집』, 제21집, 부천대학 산업기술연구소, 2000. 12.

최성근,『일본의 기업갱생절차에 관한 연구-민사재생절차를 중심으로』, 한국법제연구원, 2000.

최우영, "사전회생계획안 회생절차의 최근 동향",『회생법학』, 제20호, 한국채무자회생법학회, 2010. 6.

최윤화, "신복위 채무조정제도 운영 현황",『경제회생을 위한 파산·회생 워크아웃제도 개혁방안』, 더불어민주당·신용회복위원회·참여연대, 2022. 8. 17.

한국자산관리공사, "일본 정부 및 관민펀드 조성 사례 및 시사점 - 기업구조조정 사업 관련-," 2017. 12. 26.

한 민, "기업구조조정 촉진법 상시화 법률안에 대한 비판적 검토",『사법』, 제33호, 사법발전재단, 2015. 9.

허 용, "중소기업 공동 워크아웃(work-out) 시행 제도의 이해",『기업평가』, 제17권 제3호, 2004.가을.

현 석·이형기, "시장 메커니즘을 활용한 기업구조조정의 시대: 일본의 경험과 시사점," 자본시장연구원, 2017. 7.

3. 인터넷 사이트

금융감독원 홈페이지/http://www.fss.or.kr/보도자료/코로나 19 금융지원방안.

금융위원회 홈페이지/https://www.fsc.go.kr/index/알림마당/보도자료.

- 정책마당/법령정보/입법예고/개인금융채권의 관리 및 개인채무자 보호에 관한 법률.

서울회생법원 http://slb.scourt.go.kr.

신용회복위원회 홈페이지/개인채무조정/신용회복지원협약.

위키백과/https://ko.wikipedia.org/wiki/재무개선작업.

은행연합회 홈페이지/https://www.kfb.or.kr/main/main. php/
- 자료실/기타자료/채권은행협약.
- 공시·자료실/KFB 제정기준/대주단협의회 운영협약/PF 대주단협의회 운영협약.

II. 일본 문헌

1. 단행본

堀内秀晃外, 『アメリカ事業再生の實務』, 金融財政事情研究會, 2011.

事業再生研究機構編, 『事業再生ファイナンス』, 商事法務, 2004.

園尾隆司 外, 『民事再生法』, 青林書院, 2011.

伊藤眞, 『破産法·民事再生法』, 有斐閣, 2007.

_____, 『會社更生法』, 有斐閣, 2012.

_____, 『會社更生法·特別清算法』, 有斐閣, 2020.

2. 논문

小橋 亜由美, "産業再生機構について", 野村資本市場研究所, 資本市場クォータリー, 2003.

村田典子, "當事者主導型倒産處理手續の機能の變容(1)", 『民商法雑誌』, 第138巻 第6号, 2008.

深山卓也, "民事再生法制定の經緯と法の概要", 『ジュリスト』, No.1171, 2000. 2. 1.

3. 인터넷 사이트

일본 법원 홈페이지 https://www.courts.go.jp.

▶ YouTube
박교수의 7분법(seven-law)

07 워크아웃법

초판 인쇄 2023년 5월 8일
초판 발행 2023년 5월 8일

지은이 박승두
펴낸이 이혜숙   **펴낸곳** 신세림출판사
등록일 1991년 12월 24일 제2-1298호

04559 서울특별시 중구 퇴계로49길 14
　　　(충무로5가, 충무로엘크루메트로시티2) 1동 720호
전화 02-2264-1972   팩스 02-2264-1973
E-mail : shinselim72@hanmail.net

정가 18,000원

ISBN 978-89-5800-261-1, 02330